猴 面 包 树

LA

Dina Scherrer

MAGIE

皮格马利翁的目光

DE

LA

〔法〕蒂娜·舍雷尔 著 柯梦琦 译

BIENVEILLANCE

上海三联书店

献给

我的母亲

苏珊

献给

埃里克·舍雷尔

我们只能用心去看，用眼睛是看不见本质的。

——安托万·德·圣埃克苏贝里

序言

　　我第一次跟迈克尔·怀特[1]见面是在1993年，我参加了他早年在美洲为心理辅导从业者举办的一场教学工作坊。我不但了解了他所介绍的创新疗法，而且对这种充分尊重他人的模式佩服得五体投地。我觉得他讲述的每一个临床心理辅导案例都给来访者提供了温柔的"教育"，而不仅仅是热情欢迎和为他人提供必要的尊重——那是所有心理辅导都会做到的。在读蒂娜这本书时，我再度体会到这种感觉，而且在阅读整本书的过程中，它始终留存在我心底。从她的叙述中，我看到她忠实奉行着迈克尔·怀特和大卫·艾普斯顿[2]提出的规范和原则，以及后来被称为叙事疗法的做法。在阅读的过程中，我屡次感受到人们会意赞许的微笑，听到人们对这些创新的观点和实践表示赞叹。

　　在心理辅导这个广阔的领域里，有一些原则是所有治疗模式都认同的，是"明摆着"必须做的事情。其中一个原则是恭敬地迎接前来咨询的人，设身处地为对方着想：这被视作人际关系的基点。但是，随着时间推移，这个概念广为传播，有时善意的初衷会受到削弱并被转化成有限的仪式性行为，例如仅在会面前几分钟热情迎接来访者，出

1　迈克尔·怀特（Michael White，1948—2008），澳大利亚临床心理学家，叙事疗法创始人之一。

2　大卫·艾普斯顿（David Epston），新西兰心理学家，与迈克尔·怀特共同研究并提出了叙事疗法。

于义务表达当下体会到的情感，对来访者取得的进展做出必要的鼓励。这样一来，行为的初衷就变得冷漠，失去了原本的力量。蒂娜通过这本书扭转了这种趋势。她为这种"人际关系中明摆着要做的事"正名，通过展示一系列体现"爱的目光"的新式实践，再度唤起这种善意。

在行文结构上，蒂娜成功地将丰富的生活经验事例与大量具体而富有创意的"实践这种目光"的建议相结合，并在最后对叙事疗法的一些基础原则做了清晰的附注。读者们可以由此直接进入这场皮格马利翁式目光的体验之旅。虽然行文中交替使用诗意语言和叙事语言，但蒂娜的用词始终贴近读者，语气好似在讲知心话一般，邀请读者大胆地运用某种目光和姿态。于是读者便会代入这种目光，为他者赋予可能性，从而看到最好的"自己"，甚至"让自己现身"。

写这样的主题很容易显得幼稚，显出天真善良的姿态，但读者会发现蒂娜能避开这种陷阱。她将主题落在人际关系伦理的领域，特别谈论到了一个充满吸引力的概念，即在所有心理辅导中治疗师所承担的责任，因而她成功地反其道而行，让主题变得不那么简单，并且充实了它的内容。我很高兴在第二章中看到针对这一点提出的一些建议，这些建议需要花费大量精力来实践。在此我举一个难办的事例，假设治疗师和咨询者没有在同一频率上，我们可以说他们在"互相较劲"，那么期待的合作关系就变成了对抗和封闭。在这些年我有幸主持的培训中，我一直认为有必要跟临床参与者讨论责任的概念。因而我常常在培训期间介绍责任的第二种含义：回应-赋予权利。就像我们所看到的，这个概念让治疗师找回主动的态度并且重新采取行动，不再执迷于让来访者"负起责任"——后面这种方式总是无解的。所以我确实很高兴能读到第二章中的一些建议，准确地说是读到那些介绍"通向责任之旅"的建议，它们显然与我的想法不谋而合。

最后我希望这本书可以超越我们所属的职业派别观念，拥有广泛的读者。希望社会工作者、精神科医师、心理辅导老师、心理学家和各类心理辅导员都能阅读这本书，并从本书的观点和建议中获得启发。另外，某些读者会不会自觉渴望进一步了解叙事疗法和相关的丰富临床实践呢？

心理学家

安德烈·格雷瓜尔

2020年1月于蒙特利尔

导言

　　这本书是一部对善意的赞歌，歌颂善意的目光所产生的魔力。它源于我经常问被辅导者的一个问题，这个问题后来我也问了自己："当你回顾一生，生活和工作的漫长旅程教会了你什么？你希望把什么传递下去？"我立刻想到一生中经历的相遇是多么重要。退后一步，我意识到一些落在我身上的目光对我形成个性性格起着相当大的影响。有好的影响，也有坏的影响。因而我想要传递的，也就是我想在这本书里和你们分享的东西，我将它称作"皮格马利翁的目光"[1]：我们所有人都能够以某种方式为萍水相逢、共同工作或一起生活的人带来人生改变。

　　一方面，要警惕我们的某些目光对身边人造成的伤

---

[1]　皮格马利翁是希腊神话中的塞浦路斯国王，他花费全副精力凭借精湛的雕刻技艺完成了一座美丽的少女雕像，并爱上了自己的作品，他像对待妻子一样对待这件雕塑。后来在爱神的帮助下，雕塑化成人形，与皮格马利翁结为夫妻。后来二十世纪两位美国心理学家罗森塔尔和雅克布森在实验中发现，教师对学生的预期会对学生最终所取得的成绩产生影响，教师期望值越高，学生表现越好，该现象也被称为"皮格马利翁效应"。

害，它们往往并非出于本意；另一方面，反过来，要有意识地培养皮格马利翁的目光，它会让我们所看之人变得更加强大。

这本书是写给所有人的：所有对人际关系感兴趣的人，致力于理顺关系的人，希望给亲人、孩子、同事、朋友带去积极影响的人。这本书将阐明皮格马利翁目光的概念，给出在各个生活领域中实践这种目光的具体方法。

我也希望借助这本书，将皮格马利翁的目光从心理辅导工作拓展应用到每个人每天的生活中。我们所有人都可以运用这种目光来改变另一个人的命运。

阅读这本书，你们将了解皮格马利翁目光的概念，发现你们每个人都有能力培养这种目光，还将读到一些源于叙事疗法的理念和工具，它们能让你们在工作和家庭中更好地实践这种目光。

目 录

第三章

■■ 在关系中发挥善意 /108

▷身处优势地位的人要对其他人承担一份责任

皮格马利翁式的父母 /110

▷作为父母，你比其他任何人都更了解你的孩子▷在教育孩子时正念的重要性▷与儿童和青少年一起：激发能力对话法▷一个陷入困境的孩子常常遭受批评的目光▷在与青春期孩子的关系中运用皮格马利翁的目光，帮助树立权威▷在孩子的志愿选择上运用皮格马利翁的目光，就是指导计划方案，而不打碎梦想

练习：对孩子的人生做出丰富而有力的描述
练习：发现孩子的生活原动力
练习：帮助孩子设想未来

皮格马利翁式的经理 /127

▷为每个人的差异和潜力赋予更多价值▷对于好经理所拥有品质的研究▷经理看到合作者的成功很重要▷错误：贬低形象和进行比较▷做经理是学来的▷辅导中的错误：只在事情不对的时候做出反应

依靠皮格马利翁的目光战胜问题 /132

▷面对疑惑重重或身处困境的人，要听取言外之意▷同一个故事可以有多种含义▷让你走出失败的世界

依靠皮格马利翁的目光找到你的计划 /138

▷在追寻计划时运用目标圆圈法▷运用目标圆圈法摆脱抱怨

依靠皮格马利翁的目光应对和战胜冲突 /140

▷呼唤合作精神和团结一致▷调解二人冲突：旁观者姿态法▷调解二人冲突：角色互换法▷调解人际关系冲突：给你的关系写封信▷稳住"攻击者"：通向责任之旅▷建立或重建集体的凝聚力

练习：在家庭中跟孩子进行品质之花的练习
练习：生命之树的练习

写在前面

我的善意目光

要谈论皮格马利翁的目光，首先得谈谈我的母亲。她总是对我和我的兄弟姐妹投以无条件的爱的目光。

她让我们感受到她爱我们胜过一切。我们儿时乱涂乱写的东西，转眼就会被装裱起来挂到墙上。她鼓励我们每个人的努力，肯定我们在人生中前进的任何一小步，向身边的人赞扬我们的优点。她对我们的所有成绩有着惊人的记忆力，哪怕是微不足道的成功她也记得。在必要的时候，她能够以此来激励我们。我惊讶地发现，直到现在，当我遇到一件不错的事时，还会不自觉地向她自夸。我知道如此一来，我的成绩便会被认真记住。从某种程度上说，母亲是我的珍宝保管员。

她也是我们成长过程中一面了不起的镜子。我们喜欢在这面镜子里映出形象。她让我们变得更强大也更勇敢。我们只想不停地给她惊喜，向她证明相信我们是没错的。

我上学的时间不长，在学校里很快就被归为"问题学生"，而后我被动地接受了职业教育，在17岁时便开启了职业生涯。那时的我只有一份速记打字的专业技能合格证书。

我很怕进入职场，我完全没有准备好！我机械地回复着招聘启事，甚至没有考虑要去哪个行业。最开始的面试很糟糕。我尤其害怕参加测试：我算是会打字，但是会犯很多拼写错误；而且，当有个人越过肩膀俯视着我时，我便动弹不得。我回到家，想着永远也不会有人愿意录用我。

我是在一次像这样的面试中与克里斯蒂安相遇的。他做了自我介绍——克里斯蒂安，一家大型广告集团的业务拓展部负责人；并向我介绍了招聘的岗位——顶替他休产假的秘书。我心不在焉地听着他的话，已经开始担心起打字测试。

他开始让我听写一封信。而后在某一刻，他扯下我正在打字的纸，对我说："不好意思，我搞错了，我们重新开始。"他让我听写了同一段文字，念得非常慢，几乎是一个音节一个音节地念出来的，甚至将它们的拼写字母念出来。最后，他读了我的信，向我问道："很好，你什么时候能开始上班？"

他始终很有耐心，花费很长时间向我解释所有的事。他跟我说话的方式让我从不会感觉自己很没用。和他接触下来，我的自信甚至聪明劲儿都被重新激活了。我学得又快又好，并且有了积极主动性。在那里我是如此幸福，甚至绽放着光彩。这个人信任我，我永远不会辜负这份信任。

几个月后，他的秘书回来了，他开设了一个新的岗位把我留了下来。我成了拓展部助理。他把他的工作交给我。他让我成长。他认为我是一个什么都能做到的人，而我便成了这个什么都能做到的人。我在他的身边显得更加高效。他总是这样说："蒂娜让事情的实现变得可能。"

有一天，我问他当时为什么录用我。或许那时我不是最好的候选人，他可能是怜悯我？他回答说，他被这个年轻女孩打动了，她看起来这么坚定，满怀诚意，面带微笑，骄傲地站得笔直。

实际上，他在我身上看到了我未曾想象到的潜力。他运用好奇心看到了表象以外的事情。这就是皮格马利翁的目光。

当我自己成了经理，我也努力去发现与我共事的人拥有的全部特殊品质和潜在能力。

我在这个行业干了二十年，最后成了世界上最大的广告集团的拓展和宣传部主管。

2008年，我决定将皮格马利翁的目光做成一门职业。我先是做心理教练员，而后成为叙事疗法治疗师。我会用整本书的篇幅来向你们介绍这种温柔且充满希望的方法。

于是我在巴黎八大读了一年的在职教育。通过韦罗妮克·西蒙和安妮·科泰，我了解了系统分析疗法。这种方法不仅关注人本身，还考虑到了他所处的环境和体制，是一种更注重关系的方法。

而后我有幸接受皮埃尔·布朗–萨农的督导，我曾读过他写的《心理教练的艺术》（*L'Art de coacher*），很是喜欢。和他一起，心理教练的工作看起来简单又富有人性。当时叙事疗法刚在法国出现，皮埃尔也才接触到这种疗法，他在督导我时运用了这种疗法。

我们的督导会议给我带来很大的启发和激励。每次会议之后我都感觉自己更强大了。试验叙事疗法对我产生了很好的效果。于是我想："如果它对我有这样大的好处，那么应该也会对我所辅导的人有好处。"因此，我学习了叙事疗法，在其中找到了坚实而可靠的基础，并以此为支撑，培养皮格马利翁的目光。

如今我做心理教练已经超过十二年了。我指导过身处职场的男男女女，找到正确的自我定位，重新为生活赋予意义，遵循自己的原则、价值来生活和工作。我也指导过辍学的初中生，重新建立自尊，自主完成计划……我把皮格马利翁的目光作为指导的基础态度。

让我成为心理教练的并不是我的教练证书，而是这些曾经坐在我面前受我指导的人。他们选择我、信任我，认为我有能力帮到他们。他们看待我的目光，让我感觉自己是名合格的心理教练。

此外，我还积极地在法国开展叙事疗法的培训和宣传工作，和我一起的有皮埃尔·布朗-萨农，还有伊丽莎白·费尔德、卡特琳娜·芒热勒、法布里斯·艾梅蒂、帕斯卡尔·戈迪以及我在叙事工场的朋友和同事。

说回皮格马利翁的目光，是其他人塑造了我们，让我们成为我们自己。对我来说，我感觉自己重生了好几次：先是出生的那一天，而后是在我生命中遇到的所有具有善意之人的目光下。

第一章

什么是皮格马利翁的目光?

即使是在狱中最糟糕的时候，我和同伴们已濒于绝境，我始终能感知到其中一位监狱看守身上的人性微光，或许只有一秒，但足够让我安心并坚持下去。

——纳尔逊·曼德拉

皮格马利翁的传说

皮格马利翁是希腊神话里的一个人物。据传说，这位善于雕塑的国王因为厌恶塞浦路斯兴盛的召妓之风，决心哪怕被当作厌女之人也要保持独身。他决定用雕塑打造出完美的伴侣加拉泰。他夜以继日地雕刻，在完工之后，他对待这件雕塑的态度就好像她是个活生生的人一样。他会将花摆到她的面前。有一天晚上，他拥吻了她，雕塑的嘴唇不再冰冷坚硬，而是获得了生命，以最美好的方式回应了他。

"成为某人的皮格马利翁"是指竭尽全力帮助我们所特别欣赏的人实现自我完成。

虽然很多教学手册和词典明确指出，这是恋人的行为，但是这个表述可以延伸到爱情之外的其他情感领域。

皮格马利翁和加拉泰的传说启发了无数艺术家，1762年，让-雅克·卢梭写了独幕剧《皮格马利翁》，为这个传说配上音乐并将其搬上舞台。意大利作家卡洛·科洛迪在1881年成功地将这个传说转化成《木偶奇遇记》，一个木偶突然在雕刻它的老木匠杰佩托眼前变成有血有肉的孩子。1912年，英国剧作家萧伯纳创作了《皮格马利翁》，这部剧讲的是一位语音学教授和军官朋友打赌，要将一位没有教养的年轻卖花女变成上流社会的小姐。

救人的目光

救人的目光就是我所说的"爱的目光"或是"皮格马利翁的目光",也就是本章开篇处纳尔逊·曼德拉口中的人性微光。这种善意的目光会让人看到一个人身上有什么,而不是他没有什么。这种目光让人成长,让人变强,有助于人的全面发展,为人打开各种可能。它赋予人生命活力,提供让人保持生命力的环境,尊重实实在在的人的全部。

你投给一个人的目光会塑造他的个性人格

皮格马利翁的目光在所有领域里都很重要。首先,从孩子出生时起,父母看待他的目光就对他的成长发展极为重要,影响到他对自己的印象和看法。

有些父母时不时会用自己看待孩子的方式把他们限制住,这些父母并非有意为之,但有时缩小了孩子可能到达的领域。很多人曾听过家长在介绍孩子的时候说"他比较害羞,不像别的孩子那么外向",或者用一句"我儿子数学好"阻碍了他成为同样具有文学天赋的人。对我们个性人格的叙述就是这样形成的。因而,对父母而言,重要的是注意不要把孩子变成这些简单描述中的一种。有了皮格马利翁的目光,我们会避免这样做,因为这种目光会让我们从多个角度来描述一个人："我的孩子有时候有点矜持，喜欢足球，有厨艺天赋，喜欢和朋友们一起玩……"

如果我们去看极端情况，众所周知，有一些婴儿就会因为缺少关注和照料而死去。这些在生命之初没有接受过关爱目光的婴儿会永远感到缺爱，无法得到弥补。他们需要体验到善意的关心才能最终获得安慰，并充分释放自己的个性。

一束目光能改变人生，能让人变得更好，也能让人变得更糟。皮格马利翁的目光提供了一份许可，准许你成为你本来的样子，或者你渴望成为的样子。

艺术和体育领域的皮格马利翁目光

很多伟大的演员、歌手或高水平的运动员，之所以能成就事业，缘于那些相信他们的人，这些人从他们身上看到了其他人或许都不曾看见的天赋。

说起电影，我们必然会想到阿兰·德龙[1]。尽管他从未上过戏剧表演课，也不像费南代尔[2]和布尔维尔[3]那样拥有

---

[1] 阿兰·德龙（Alain Delon, 1935— ），法国最受欢迎的男演员之一，代表作有《怒海沉尸》《洛克兄弟》《豹》等。

[2] 费南代尔（Fernandel, 1903—1971），法国演员、歌手、导演。参演电影包括《阿里巴巴和四十大盗》《环游世界八十天》等。

[3] 布尔维尔（Bourvil, 1917—1970），法国演员、歌手、笑星。代表作是《虎口脱险》。

在歌舞剧场表演的经历，但有三位大导演看到了他身上的创造力和天生的感召力，把他变成了一个明星。第一位导演是雷内·克莱芒[1]，他曾在《怒海沉尸》中指导过阿兰·德龙。而后卢奇诺·维斯康蒂[2]也为他的魅力所倾倒，邀请他来扮演《洛克兄弟》和《豹》中富有神秘色彩的角色。最后，让-皮埃尔·梅尔维尔[3]为他量身打造了《独行杀手》和《红圈》中的角色。

戏剧领域也是一样，鼓励的目光很重要。让·维拉尔[4]用皮格马利翁的目光看待杰拉·菲利普[5]，让他在法国国立人民剧团的演出中扮演了最重要的几个角色。多年之后，亚莉安·莫努虚金[6]为菲利普·科贝尔[7]做了同样的事。菲利普·科贝尔在阳光剧团找到了自我，而后才单枪匹马完成

1　雷内·克莱芒（René Clément, 1913—1996），法国导演、摄影师，曾两次获得戛纳国际电影节最佳导演奖。

2　卢奇诺·维斯康蒂（Luchino Visconti, 1906—1976），意大利电影导演、编剧、制片人。其指导的作品曾多次在威尼斯国际电影节上获奖。

3　让-皮埃尔·梅尔维尔（Jean-Pierre Melville, 1917—1973），法国电影导演。

4　让·维拉尔（Jean Vilar, 1912—1971），法国演员、戏剧导演、阿维尼翁戏剧节的创办者，1951年至1963年担任法国国立人民剧团团长。

5　杰拉·菲利普（Gérard Philipe, 1922—1959），法国著名演员，在电影界和戏剧界都取得了巨大成就。1951年起，他加入让·维拉尔领导的法国国立人民剧团，在《熙德》《理查二世》等剧目中担任主演。

6　亚莉安·莫努虚金（Ariane Mnouchkine, 1939— ），法国知名舞台剧导演，法国阳光剧团创始人。

7　菲利普·科贝尔（Philippe Caubère, 1950— ），法国戏剧演员、编剧、导演，在1970年至1977年间，是法国阳光剧团的顶梁柱之一。后来他花了十年的时间完成了自传性作品《一位作者的传奇故事》。

了自传性的戏剧作品。

　　歌唱领域也有着大量的例子。歌手帕塔舒[1]给了乔治·巴桑[2]一展歌喉的勇气。雅克·卡内蒂[3]把数不清的艺术家推上了三驴剧院的舞台：从雅克·布雷尔到[4]塞尔日·甘斯堡[5]、博比·拉普安特[6]，再到雷蒙·德沃斯[7]。尤其要说到伊迪丝·琵雅芙，在她的鼓励下，查尔·阿兹纳弗发展成了音乐创作者和表演者[8]。

　　有些人已经去世，但仍然扮演着皮格马利翁的角色：法布莱斯·鲁奇尼[9]总是谈起路易·茹韦[10]带给他的恩泽，他们不是一代人，必然没有相遇过，但鲁奇尼有幸读到了茹韦关于戏剧和所拍电影的著作。

1　帕塔舒（Patachou，1918 — 2015），原名亨利埃特·拉贡，法国歌手，在巴黎开了一家名为"帕塔舒家"的歌舞餐馆。

2　乔治·巴桑（Georges Brassens，1921 — 1981），法国音乐创作者、表演者。1952年，频频受挫的巴桑来到帕塔舒的歌舞餐馆试演，并受到帕塔舒的赏识。

3　雅克·卡内蒂（Jacques Canetti，1909 — 1997），法国音乐制作人和经纪人，是三驴剧院的创办者和管理者。

4　雅克·布雷尔（Jacques Brel，1929 — 1978），比利时歌手、演员。

5　塞尔日·甘斯堡（Serge Gainsbourg，1928 — 1991），法国创作歌手、音乐家、诗人、导演，法国流行音乐界重要的人物之一。

6　博比·拉普安特（Boby Lapointe，1922 — 1972），法国创作歌手。

7　雷蒙·德沃斯（Raymond Devos，1922 — 2006），法国幽默艺术家。

8　伊迪丝·琵雅芙（Édith Piaf，1915 — 1963），法国最著名也最受爱戴的女歌手之一，自1945年起便开始发挥自己的影响力帮助年轻的词曲作家查尔·阿兹纳（Charles Aznavour，1924 — 2018），后者后来成为法国最知名、职业生涯最长久的音乐人之一。

9　法布莱斯·鲁奇尼（Fabrice Luchini，1951 —　　），法国演员及制片人，曾获得威尼斯国际电影节最佳男演员奖，代表作品有《白鼬》《夏日不要自杀》。

10　路易·茹韦（Louis Jouvet，1887 — 1951），法国演员、剧院导演和制片人。

体育也是皮格马利翁的目光眷顾的领域：在伟大运动员的职业生涯之初，往往会有人慧眼识珠，将他从一群人中挑选出来。人们不是会说"我被他一眼看中"吗？这个表述说明了一切，多么有力。"一眼""中"……就像是目光的狙击。

克里斯蒂亚诺·罗纳尔多早年丧父，亚历克斯·弗格森爵士[1]便暂时扮演了他父亲的角色。在曼联足球俱乐部，这位葡萄牙球员还只是个刚成年的年轻人，被那位苏格兰教练护在羽翼之下。在老特拉福德球场的最初几场比赛中，他经常把精力投注在没用的传球上。弗格森爵士任由这位年轻前锋在自己的错误选择中吃到苦头，这样他便能自己意识到，在团队配合层面有哪些需要改进的地方。很快他便做到了这一点。亲身体验要比旁人建议更有效。

除了罗纳尔多，还有在巴塞罗那足球俱乐部崭露头角的利昂内尔·梅西。佩普·瓜迪奥拉[2]为这位前途无限的阿根廷球员创造了完美的发展条件，让哈维·埃尔南德兹和安德烈斯·伊涅斯塔[3]——巴塞罗那足球俱乐部青训中心的两颗

---

1 亚历克斯·弗格森爵士（sir Alex Ferguson，1941— ），曾任曼彻斯特联足球俱乐部主教练，2003年他看中18岁的葡萄牙职业足球运动员克里斯蒂亚诺·罗纳尔多（Cristiano Ronaldo，1985— ），即"C罗"，将其签入麾下。

2 佩普·瓜迪奥拉（Pep Guadiola，1971— ），足球史上最成功的教练之一，2008至2012年出任巴塞罗那俱乐部主教练。

3 这三位球员均为当年巴塞罗那梦之队核心球员。

明珠——和他一起训练。

在欧塞尔，居伊·鲁[1]保持着作为教练亲切对待潜力球员的传统。他怀着美好的期许指导年轻的埃里克·坎通纳，助他迈上荣耀的阶梯。在居伊·鲁的时代，欧塞尔足球俱乐部实践的皮格马利翁目光为法国足球甲级联赛的队伍输送了有生力量：从守门员若埃尔·巴茨、布鲁诺·马蒂尼到前锋让-马克·费雷里、贾布里勒·西塞，再到后卫巴西尔·博利[2]。

除了前面这些体坛案例，我们还应提到艾梅·雅凯和迪迪埃·德尚，这两位分别是1998年和2018年世界杯冠军球队的主教练。雅凯让齐内丁·齐达内、蒂埃里·亨利和大卫·特雷泽盖[3]获得了辉煌的成就。而德尚则为基利安·姆巴佩和安托万·格里兹曼[4]提供了走向世界的舞台。

我们可以看到"教练"这个词中包含"带领、引导"的意味。好的教练让年轻运动员相信自己所拥有的特质，而坏的教练只能看见需要被抹除的缺点，把他们变得和其他人一样。在冠军的成功背后，总是会有一位导师给予他正

1　居伊·鲁（Guy Roux, 1938 — ），法国著名足球教练，前后执教法国欧塞尔足球俱乐部长达四十四年，将它从一支默默无闻的小镇球队带领成为法甲联赛冠军。

2　这些球员都曾在欧塞尔足球俱乐部效过力。

3　这三位球员都作为法国队成员参与了1998年世界杯，助法国队夺得冠军，而后他们都成了世界足坛的法国巨星。

4　这两位球员作为法国队的前锋，在2018年世界杯赛事中帮助法国队夺得了冠军。

确的目光。

在艺术界和体育界，前辈常常像根系一样为含苞待放的后辈提供支持和营养。在日常生活中，对一个正在寻找个性定位的人所投注的目光，就像是启动灯光的开关一样。这是一种相互成就。皮格马利翁的目光不会投给一个看不到它的人。

是他人让我们成为人

文学作品中有很多这样的例子。在镜像效应的作用下，我们看一个人的目光会为他赋予重要性。对一个无人过问的人，仅仅对他投以关注，就能让他产生深刻的改变并重拾信心。

维克多·雨果可能是将这个理念阐述得最好的人：在《悲惨世界》中，他选择将聚光灯对准那些默默无闻的人。在文学史上，珂赛特与高乃依的熙德[1]占据着同样重要的位置。然而，要向人们展现一个默默无闻的人，这在当时是非常大胆的。雨果将其抽取出来，向我们证明只要下决心投以关注，每个人都是有意义的。

"无关紧要的人"并不存在，我们每个人都有着值得被

1　《熙德》是法国十七世纪古典主义悲剧大师高乃依的代表作，熙德是其主人公，出身贵族，战功卓著，是西班牙历史上的民族英雄。

看重和尊敬的人生经历。冉·阿让将珂赛特从十恶不赦的德纳第夫妇的魔爪中解救出来，带给她另一种原本不属于她的人生。通过珂赛特这个带有传奇色彩的人物，雨果告诉我们，不能因为孩子在社会中没有地位就虐待他们，不能以此为由把他们关起来做家务以及所有那些大人不愿意做的低级工作。在那个时代，这是极具革新性的先锋言论。时至今日，它还是如此正确。

冉·阿让将充满同情和善意的目光投向珂赛特，让她重新过上正常的生活。雨果向大众展现了这些被社会排除在外的人——无人关注也无人看到的人，并重新赋予了他们一个身份。说实话，他们之所以没有得到关注，是某些人想要更好地剥削他们。

一旦我们把聚光灯转向一个默默无闻、不被重视的人，从此以后我们便再也不能随随便便地对待他了。他开始变得重要了。

皮格马利翁效应在学校里的重要性

很多研究表明，老师的目光会影响学生学业成绩的好坏。

特别是20世纪50年代以来社会学家霍华德·贝克的著述，其中记述了贫困街区和富裕街区的老师使用的教学手段和他们怀有的不同期待，以及这些对学生的影响。

　　然而直到1968年，罗伯特·A.罗森塔尔和莉诺·雅各布森合著的那本著名的《课堂中的皮格马利翁》问世，人们才真正揭示出老师对学生所投注的不同目光会对学生产生怎样的影响。

　　心理学家罗伯特·罗森塔尔和他的团队起初和两组大学生做了一场实验，来研究老鼠在迷宫中的学习行为。

　　第一组大学生拿到的是"聪明"老鼠，第二组拿到的是"笨"老鼠。他们不知道实际上所有老鼠都是一样的，没有任何一只老鼠比另一只更聪明。

　　第一组会更多地鼓励老鼠，他们认为这些老鼠比其他老鼠更聪明，因而能够在迷宫中取得更好的成绩。第二组所做的则相反。

　　实验结束时，第一组的老鼠确实取得了更好的成绩。老鼠是一样的，只是大学生的感觉有变化。这被称为罗森塔尔效应。

　　基于这场实验，1964年，罗森塔尔和雅各布森又重做了实验，这次的实验对象是奥克小学（旧金山）的孩子们。他们对所有学生进行了智力测验，并故意随机给出分数——有20%的学生分数被抬高了，然后测试结果被"意外地"传给了老师。

在学年结束时，罗森塔尔和雅各布森又对学生们进行了一次测试，结论跟那次老鼠实验很相似：那些被老师认为更有天赋的学生取得了更好的成绩。换句话说，这些学生在智力测试中取得进步，进一步印证了别人对他们的极高期望。罗森塔尔和雅各布森将此命名为"皮格马利翁效应"。

把知识还给学生：雅科托的方法

不存在不知道很多事情的无知者，任何教学都应该建立在这种知察、这种既有的能力之上。

——雅克·朗西埃

除了罗森塔尔和雅各布森关于自我实现预言的"皮格马利翁效应"，我还在教育领域内找到了另一个启发点，那就是让老师把知识还给学生。可以说，就像教育学家约瑟夫·雅科托在当时主张的那样，教师一无所知，而学生进行学习。

雅科托的方法基于一种理念，即一个人是靠自己学习的，不是靠老师向其传递知识。

我是在雅克·朗西埃的《无知的教师》[1]一书里发

---

1 Jacques Rancière, *Le Maître ignorant. Cinq leçons sur l'émancipation intellectuelle*, éditions Fayard, Paris, 1987. 该书已有中文版《无知的教师：智力解放五讲》，西北大学出版社，2020。

现这套方法的。朗西埃认为，无知的教师是在教自己也不知道的东西。因而一个无知者有可能让另一个无知者知晓他自己不知道的东西，就好比一个文盲有可能让另一个文盲学会阅读。

解释其实是控制，它无法让人学习

根据朗西埃的说法，"解释"是各种教育的传统办法，它很枯燥：向无知者解释某样东西，首先要向他解释"如果没有别人的解释他就不会明白"，也就是首先要向他证明他的无能。

雅科托通过自己的具体教学经验得出结论，解释（也就是带领学生一步一步从无知到知晓）不像教学法主张的那样，也不像他此前坚信的那样，是教育的必经之路和光明大道；在师生之间有可能建立另一种关系，它区别于传统的基于是否掌握知识构成的师生关系。

教师的职责不是教授自己的知识，而是让人发现"每个人有能力去学所有想学的东西"

一个解放思想的教师不同于做出解释的教师，那他应该教什么呢？根据雅科托的说法，我们需要把解释型教师在实践中混在一起的两种职能区分开：作为一门学问的内行或专家的职能和作为教师的职能。那么教授知识以外的东西指什么？不做传递自己知识的内行人又是什么意思呢？解放思想的教师教授的是如何使用自己的智识。教师的职责是给学生一个他可以独自应对的挑战。教师作为与学生平等的人向学生提问，而非作为一个已经知道所有答案的内行人士向无知者提问。用解放思想的方式进行教学的人知道自己也在学习，对方的回答是向自己提出的新问题。话语是在所有人之间传递的，而不是单向的。

我喜欢雅科托的方法，原因在于他是其所在领域中使用皮格马利翁目光的先行者，他将皮格马利翁的目光推向了极致。除了在教育系统或家庭中实践他所说的那些理念——它们要实施起来并不容易，家长、经理或其他人也能从中获得启发。因为他提倡的原理跟皮格马利翁目光是一样的，要把一个人当作最有资格获取知识的人来看待。

小故事：将无知教师的概念运用到一所学校里

我在一所学校里为教师进行心理辅导，我们说起要把知识还给孩子们，有几位教师愿意试一试雅科托的实验。教师们决定花一天时间互换课程：法语教师教数学，历史地理教师教音乐，等等。他们事先通知了自己的学生，他们的目的是体验如何教授他们不知道的东西，看看这有没有可能实现，看看这会对他们和学生产生什么影响。

一开始，教师们有点迷茫，因为不知道该从哪里入手，而且害怕在学生们面前失去权威或威信。但实际上，这种情况并没有发生。

教师们是从学生过来的，他们曾经是学生，已经学过课程内容了。他们发现自己并非对教学内容一无所知。至于学生们，他们很高兴为教师提供信息，教给他们一些东西。这场实验创造了一种有意思的知识平衡，让教师和学生处在差不多的位置，尤其是学生们，都积极踊跃地参与到这场对教师而言也十分新颖的集体学习中。参与这场实验的教师们回到自己的课堂时都希望做出改变，更加认真地对待学生们拥有的知识，并且要把课堂变得更具互动性。

皮格马利翁的目光在工作中的重要性

罗森塔尔和雅各布森验证的皮格马利翁效应在工作领域也得到了证明。实际上自二十世纪初以来，阿贝尔·诺尔的临床试验和后来的美国行为主义学派都证明了皮格马利翁现象的存在，而后在1969年，J. 斯特林·利文斯顿在《哈佛商业评论》的一篇文章里，将其运用到企业管理领域。

皮格马利翁效应的基本原理是：一个人的工作表现首先是对其上级领导期待的反映。这被我们称为自我实现预言。同样的还有，对病人的研究显示，根据医生对治愈疾病表现的自信程度，治愈率会有所不同。

成见会限定你与他人的关系

正如我在前面讲的，我们看待一个人的目光，会塑造他的个性性格。如果我认为一个人能够成功，那么他就有很大可能成功。相反地，如果我认为一个人心不在焉并且总是忘事，他就会"不期然"地在我面前上演这种戏码。

一位女教师最近给我讲了一个故事：当她在学年末准备了解下一学年将要带的班级时，她的同事们对每个学生都作了一番点评，"你会发现某某学生非常认真、听话""某某学生什么都不做"，诸如此类。

这在很大程度上影响了她的判断，但她甚至还没见过这些孩子。因而，如果在课堂上"认真的学生"出错了，她就很可能会对他说："没关系，我来给你重新讲……"如果"懒惰的学生"出错了，她就会对他说："这很正常，你不努力学习……"

这位教师意识到，她没有给这些学生任何机会来向她展示其他可能。于是她决定，从此以后在迎接新班级之前，不去了解任何关于学生的情况。

拥有皮格马利翁目光的人不会受到别人对另一个人评价的影响。他会采取中立态度并且不带先入之见，以便让所看之人有机会展示其他可能性。

运用皮格马利翁的目光，就是专注于一个人所拥有的，而非他没有的，并且倾听他的内心

不要停留在一个人不如其他人的地方，只要看他有什么就行了。也要看到表象之下的部分，听到不言之意，观看和倾听另一面（内心、情感），培养自己被所见之事和所听之言打动的能力。这是一种好奇、善意、心连心的目光。

运用皮格马利翁的目光就是反抗标准规范

然而，决定运用皮格马利翁的目光，就像是进入了反抗状态。实际上，要想抵抗社会系统，我们至少需要拥有一点反抗成规的思想和勇气，因为我们的社会系统将人变得程式化，它更看重简历而非人本身，它将标准规范强加给我们，让我们永远在相互比较，并引发竞争。拥有皮格马利翁目光的人，必须摆脱系统的桎梏，才能将目光投向别处，看到一切重新变得充满可能。

我的一个女儿到一家著名的法国连锁店寻找实习机会时，便遇到了这样的事情。

她那时只有19岁，准备升入传播学BTS[1]的第二年。她申请了一个岗位，但招聘公告上明确写着招收条件为大学四年级以上，且拥有良好的英语基础。虽然她并不是最符合这些标准的人，但她还是决定去应聘。

她的勇敢获得了回报：两位女面试官显然决定去看一看标准以外的东西，除了她前一年的浅薄经验，她们更看重她的决心、渴望和对答如流的应变能力，因为当其中一位面试官说她的年纪有点小时，她回答说刚刚取得世界杯冠军的姆巴佩和她一样大！

这样一来，两位面试官将目光放到了硬性要求和期待的事情之外。她们忽略了标准，打破了成见，比方说"要成功必须从高等专业学校[2]毕业""如今假如你不会说两种语言，就没有任何机会""要有一定年纪才能高效办事"……

1　BTS 是法国高级技师证书，凡取得高中毕业证书的学生都可以申请 BTS 课程，课程时间为两年。相当于大学二年级水平。

2　法国高等专业学校，又称"大学校"，指培养工程技术、农业、教育、商业、经济管理等领域各类高级专门人才的高等教育机构，通过严格的入学考试从预科班中录取学生。相对于入学条件宽松的公立学校，这些"大学校"被视为精英培养机构。

最不可思议的是，当你选择运用皮格马利翁的目光时，能在很大程度上改变其他人的命运。所有人都能够这样做，在所有领域都能够做到。在某个特定时刻，你能够换一种方式看待一个人，甚至由此给他一个机会去打开一扇门——这扇门对他而言原本是难以打开的，甚至是无法打开的。而这扇门一旦开启，便会为他的人生带来完全不一样的色彩。

皮格马利翁的目光会形成良性循环

当你受益于这种为你拓展可能性的目光之后，你会变成一个更好的人，也更愿意将同样的目光投向其他人。你会想要以某种方式回报别人赠予你的东西。你会在日常生活中用这种宽厚而乐观的目光看待他人。一束目光为你带来了好处，帮到了你，让你获得成长，它便永远刻印在你的记忆中。你永远也不会忘记曾经赋予你价值的那个人。即使你平时不会想起，但每当你效仿他使用这种目光时，都在以这种方式向他致敬。

在我还是大型广告代理商的发展部总监的时候，有个年轻的女士申请了实习岗位。虽然我收到了很多求职申请，但是她的简历引起了我的特别注意，因为其中存在拼写错误。尽管公司的规定是只招收高等商学院的学生，但我还是约见了这位就读于广告学院的二十岁的女士。

　　萨米娅的热情立刻就吸引了我。她比我在这个年龄时从容自如多了，脸上带着笑容并且意志坚定，自豪地向我介绍着她的经历和从事广告工作的理由。

　　她不符合我的领导要求的条件，但是我立刻就对她说了"通过"。

　　她出色地完成了实习工作，然后在她毕业时，我聘用了她。

　　十多年后，我们很少再有机会见面，她打电话告诉我她的近况——她成了一个大型集团基金会的负责人。而我呢，我告诉她我是心理教练，刚刚成立了自己的机构，还没有客户。但是我并没有对此感到失望，因为我感觉终于找到了自己的位置。于是她提出让我主持她所在基金会举办的开放日活动。他们在某地举办了"探索企业"的开放日活动，高中生以班级为单位参加，与职场人士面对面交流，共度内容丰富的一天。她让我自由发挥，筹备那几天的开放日活动。

　　萨米娅是我新职业的第一个客户。在启动一项事业时第一位客户多么重要自不必细说。从此，我的事业发展起来，而萨米娅一直是我的重要客户之一。

"杀人的目光"

"杀人的目光"这个词确实有点重。这种目光不会杀死一个人，但是会杀死他的梦想、计划、信心和对未来的希望。这是一种使人"堕落"的目光。

我的一个女儿在上小学一年级时，带回家的作业本上写着"太慢"。老师说，她做事很慢，极为疏懒：从来没有按时完成作业，要花很长时间来整理东西。这是我们第一次听到有人这样指责她……

我跟这位小学老师讨论了一下，了解到他是第一次教这么小的孩子。我还了解到他会用很重而且很贬损的话批评所有的孩子。孩子们非常害怕他。

我的女儿并不慢，只是被这个让她害怕的人吓得无法动弹。

一群家长代表把这件事告诉了校长，再加上其他家长的控诉，这位老师才被请走。

不幸的是，伤害已经造成了。虽然他只待了三个月，但是我的女儿在之后很长一段时间里都记着自己很慢这件事。因而一旦遇到困难，她便跟我说："这很正常，我太慢了，没法完成作业。"

内化"杀人的目光"

虽然没有人再说她慢，但是她已经把那位老师批评的目光内化了。她被困在了信奉和标准的泥潭中。实际上，并不需要另一个人投给我们这种"杀人的目光"，有时候是我们自己最终这样看待自己。

在所有的场合（家庭、学校、工作、体育等），"杀人的目光"都会带来烦恼、导致失败。

"傲慢的目光"：让职业治疗师而非来访者处于核心位置

大卫·艾普斯顿[1]在迈克尔·怀特去世时写下的记述，帮助我更好地理解了"救人的目光"和"杀人的目光"。下面我想把它分享给你们。

大卫·艾普斯顿写道，在心理治疗领域里最受迈克尔·怀特批评的，就是职业治疗师面对前来寻求帮助的人居高临下的态度，也就是他们看待来访者的"目光"。他引用了玛丽莲·弗莱伊对"傲慢的目光"的评论：这种观看方式将专业人士的观点摆在中心位置，认为他的看法、愿望、计划是最重要的，他的经验和世界观是权威的。"傲慢

1　大卫·艾普斯顿和迈克尔·怀特是叙事疗法的两位创始人。——原注

的目光"让这些人用自己的个性性格塑造其他人。用"傲慢的目光"来看,来访者的存在无论如何都是为了职业治疗师的利益。在这样的目光之下,来访者失去体面并且受到贬低。

正是这样。在国民教育中,一些教师在授课时不会针对"已经知道的东西"嘉奖学生;家长有时认为自己比孩子更知道什么适合他;又或者经理认为只有他们的管理模式是有价值的,并且会贬低不符合其管理模式的合作者提出的所有设想。

"爱的目光":承认他人的独立性

"爱的目光"承认他人的独立性,玛丽莲·弗莱伊便是从这个原则出发的。拥有这种目光的人知道,要看见需要看的东西,我们必须关注自己兴趣和意愿以外的东西。在"爱的目光"里,拥有知识的人不会因为没有被当作专家而失去威信或认可。"爱的目光"会为那些在"傲慢的目光"里失去体面并受到贬低的人赋予一种人与人之间的认可。"爱的目光"是这本书的主题,让我们了解如何在人生的各个领域里尊重并赞赏孩子和成年人。

"杀人的目光"就是玛丽莲·弗莱伊所说的"傲慢的目光"。这种目光比我们"懂得多",它会比较、评判、监视。

这种目光会让人觉得无法企及，或者受到冷落。

伴侣之间"杀人的目光"

在相伴多年之后，由于习以为常的生活或者日常的小麻烦，你可能更关注伴侣身上让你感觉有问题的地方：小癖好、没有履行的承诺等。

显然有很多原因会让伴侣关系产生问题。"杀人的目光"会让你无法再在对方身上看到美好的事物。你会专注于那些存在问题的地方。

在叙事疗法中，我们从能力出发来谈论问题，而从来不就问题谈论问题，因为问题所在的地方很难看到解决办法，问题占据了太大视野。

如果你和伴侣发生了争执，在谈论是什么造成问题之前，你们两个要先去一处没有受问题影响的地方。在这里你们才有可能换个角度看待自己，并对问题进行整体思考。

要想找到一处不受问题影响的地方，你和你的伴侣需要花一点时间来思考一个问题：

你们喜欢一起做什么？

回答可能是："我们有一艘船，当我们在船上的时候确实感觉很好。这个地方我们两个人都很喜欢。"

那些难题通常会让你们的生活整个陷入阴霾，你们再也看不到生活的原貌，因而这个问题的答案无法立刻出现在你们的脑海中。给自己一些时间来思考这个问题，那些美好愉快的情景会重新浮现在你们的脑海中。

你们的回答构成了避风港，你们可以由此谈及彼此的争执。这样一来，这些争执不再占据你们伴侣关系的全部，它们会变得不那么激烈。这样你和伴侣便可以在平静的气氛中谈论争执的问题。

爱的反面不是恨，而是权力。

——卡尔·荣格

心理教练，叙事疗法治疗师兼作家萨比娜·安扎尔迪记述

十九岁那年春天，我来到新的城市，拥有了新的生活、新的朋友。在无忧无虑且轻松快乐的氛围中，我遇见了他：二十七岁，风度翩翩、富有魅力、能言善辩、充满幽默感。他倾听我说话，称赞我的勇气，欣赏我的生活乐趣，赞美我的才智。很快，他开始频繁地给我打电话，约我见面、外出活动，送了我很多礼物。他分享他的梦想，构建起蓝图：同居生活、结婚，或许会有孩子……

不久之后，一切都接连实现了。他在里昂找到了

一份新工作，我们在一间公寓里住下来。我们有了第一个孩子，然后又有了第二个孩子，我沉浸在极大的喜悦中。他说服我买一栋远离城市的房子："这对孩子们更好。"我同意了。这是离群索居的开始。我知道他不想让我工作，虽然他没有明说，但是一有机会他就会为此指责我。这种心照不宣的态度让我默默地产生了一种负罪感，我感到说不出的羞愧。我始终对他感到亏欠，感觉自己犯了错。因而我试着表现得无懈可击：完美的家庭主妇、和蔼又亲切的母亲、深情而善解人意的妻子。

但是他从来没有感谢，从来没有认可，从来没有称赞。他从健谈又殷勤体贴变得疏离、傲慢、沉默、心不在焉。他常常对我发脾气，批评我的相貌和对孩子的教育——孩子是他丢给我一个人管的。如果我发火并且向他求助，他便会说我歇斯底里、发疯。

有时，他会跟我休战：一次外出活动、一份礼物、一个分享交流的夜晚。我心里思量，或许是我搞错了，我夸张了，我太敏感了。我感到轻松、愉快，但这总是短暂的。

孩子们长大了。我决定重拾学业并回归职场。"不行，现在不是时候。待在家里，要不谁给我做饭？"

忽然之间，我回想起被父亲以各种理由羞辱的母亲，回想起她的悲伤和屈从。

我没有理会他的反对，在一家诊所里做了一份夜班的工作。我重新参加了高中毕业会考，进入了大学。我三十八岁。我把生活分成了两半。一边，我复习、读书，学习、交流、试验。另一边，我忍受着捣乱、报复以及对我年龄、体重、衣着、言谈举止的粗暴评价，艰难地生活。

我坚持了几年，因为我还爱着他，但是家里的一丁点意外情况都会让我警铃大作。我被熨斗烫到，被摔碎的玻璃杯划伤，在打湿的地板上滑倒。我的头痛反复发作，背疼得很严重，手指痉挛以至于双手无法动弹，记忆力也衰退了。然后我生了重病。他表现得毫不关心，我重病的状态对他也没什么影响。

有一天，我在一位朋友的眼中看到了惊骇，这让我仿佛被电流击中。我意识到自己正处在危险之中。唯一的办法就是逃。

我搬进了一间新的公寓，这是属于我的空间。我晚上工作，白天躲在家中。我远离他，而他纠缠着不放。我读了很多关于"难以相处的人格"的著作，发现这些都让我想到一个人。我突然回想起自己曾在精神上变得盲目，听不进任何话。我惊呆了，沮丧不已，对自己感到生气："我浪费了所有这些时间！"我崩溃了，远离尘世喧嚣蛰居了九个月。法院宣判离婚了。我重新得以喘息。

职场中的反向皮格马利翁效应

在《工作中的棘手关系》[1]里，两位研究者让-路易·巴尔苏和让-弗朗索瓦·曼佐尼详细论述了反向皮格马利翁效应，或者说领导如何——通常是无意识地——导致合作者失败。这个概念在所有领域里都切实存在，包括教育、家庭……

他们证明了当经理的期待很低时，与他合作的人也会相应地调整工作表现。更确切地说，他们关心的是经理和被管理者关系转变的那一刻，合作者被贴上标签，被经理划归到"表现不好"组的那一刻。

经理只能对这位"不太好的"合作者区别对待，相较其他人，对他进行更多的帮助或指导。反过来，当事人会顺应他所接收到的负面预期，确实变得不够自主、不够有活力、不够自信。而这显然让他的领导更加笃定自己的判

1 Jean-Louis Barsoux et Jean-François Manzoni, *Relations difficiles au travail. Rompre le cercle vicieux, Village mondial*, Pearson Éducation, Paris, 2004. ——原注

断。这也被称为自我毁灭预言。

在我们所经历的各种职场中，谁没有过这种感受呢？依照经理的意见或者他看你的目光，你会觉得自己是最好或者最差的员工。

"杀人的目光"可能是某天你听到的关于你的一个词、一句话，它成了你的牢笼，要等到很多年以后，如果一切顺利，它才会变成一种力量。

完全没有个人想法

心理教练和心理辅导顾问马加利·乌达尔记述

我当时十六岁，在一所女子高中读高三，刚开学。我属于"认真勤勉"的学生：渴望把事情做好，非常用功。特别是我不会允许自己随意发挥，我遵照别人的要求来做，用心牢记。我命中注定"可以做得更好"。前面几年我在法语学习上比较轻松。然而，我在高二结束的法语会考上失利了，比别人落后了32分。

我用哲学代替了法语，这是一门新的学科。不幸的是，老师很严苛，讲解惜字如金，态度冷淡。"你们自己想，要有批判性，提出论据。"她说道。

一天晚上，我回到家，还有一篇论文要写。我当然记得周末努力学习的紧张时光：我尽力理解意义，剖析字词，听取母亲的建议，并将其重新组织成句。我在书本里搜寻作者们的思想。我精疲力竭地写完了，并按时交了这份作业。我放松下来，感到些许平静从容，觉得自己的论文是经得起推敲的。

成绩揭晓的那天到了，老师决定从成绩最好的同学开始逐个发还论文。每个分数都被大声宣读出来并加以评论。这样一个接一个进行着，直到她的手里只剩下一份论文——我的论文。我听到她当着所有人的面说："我把所有论文都发下去了，除了这一份，但是我没有办法修改它，上面没有名字，而且我不知道是谁写的。虽然有引文，写了这么多段落，但是是谁在思考什么呢？我不知道。完全没有个人想法，完全没法修改，零分。"

这些话至今仍旧回响着："完全没有个人想法。"我仍旧感受到腹中那震惊、冰冷、凝固的屈辱感。

有很多年，我的心里重复循环着下面这段话："你曾经是一所最好的学校的学生，而你无法产生个人的想法。"我清楚地记得自己无法呼吸，病态地恐惧着自己永远无法做到的那一点。我发明了一些出奇的策略，例如在晚餐时，用一些滑稽的答非所问来闪躲，避免发表个人观点。

在经历了很长时间的犹豫之后，我选择了学习历史，尽管无法选择自己的过往经历，但我至少发现了世界的历史和他人的故事。我用心牢记老师或作者的观点，试图全部记住并化为己用——这很管用，我在获得硕士学位时取得了优秀的成绩，并且得到了评委老师的称赞。

如今，这段漫长的漂泊之旅为我带来了力量。我能够正常呼吸，体会自由、清醒、充满活力的感觉，感受到深切的快乐。我决定成为作家-艺术家（由我创造字词和叙述形式）和心理教练-治疗师：帮助他人重新成为人生的创作者，找到自我表达的灵感和字词。

人生路上充满"爱的目光"和"杀人的目光"。

就像那高低起伏的滑车道，我们会根据生活中各种相遇和事件，转换不同的目光。

在整个青少年时期，我亲身感受过这两种矛盾的目光落在自己身上：一边是母亲无条件的爱的目光，另一边是学校里评判的目光——最终我在学校里表现很差，12岁时被打发到"过渡"班（相当于法国如今的SEGPA[1]）。因而对自己、对个性性格，我拥有两种不一样的记述。而我已经意识到，是其中的一种，让我不至于被另一种完全压垮。

我们遇见的所有人都会成为生命的一部分

我们都遇见过"杀人的目光"，也遇见过救人的目光，因为我们在生命中遇到的每个人都有一段故事。无论我们是否愿意，在我们的人生中路过的人都属于我们人生故事的一部分。

沙奥夫人的蓝眼睛

家庭和夫妻关系心理治疗师让-路易·鲁记述

初中时，我作为差生进入了初一年级的过渡班。我们这群学生不仅在称呼上遭受歧视，还在地理位置上遭受不公平对待，我们所在的平房藏在这所初中其他班级的教学楼后面。我感觉自己和别人

---

1 SEGPA（Section d'enseignement général et professionnel adapté），即适应性职业和普通教育班级，特指法国教育系统中为学习上持续有困难的学生安排的课程。

有差别，我很清楚自己所处的社会地位。在其他人眼中，我们是被单独隔开的，甚至被认为会对人造成不良影响，是人们无论如何都要避免成为的反面典型。

进入初一过渡班这一年是在学校系统和职业生涯系统之间过渡的一年。平心而论，在我的记忆中，我把它看作去上一年的托管所，以便等我到达法定年龄，就可以在雇主身边或职业学校做技工学徒。

然而，我遇见了我们的法语老师沙奥夫人，这让我有机会在教育和身份定位上找到一个榜样。她穿得跟其他老师不一样。她留着黑色短发，在小小的圆形眼镜片后面有一双天蓝色的眼睛。她穿着宽大的套头衫，显得很温柔，我们愿意无条件地亲近她。不过，我们中间没有任何人敢于挑战她的权威。

尽管采用传统的教学方式，但是她明白我们每个人都是有能力的，这让我感到很安心。她看着我，她的目光让我获得一席之地。我获得了自己的身份，不过很安全，因为她不会作出任何价值判断。和她在一起的几个月里，我从来没有听过她对我做的事或说的话发表评论。我从来没有听她提高过音量。

我还记得她在布置作文的第二天表现得很兴奋，并且很热切地让我在全班同学面前朗读作文。她以此表扬了这种将故事撰写出来并读出来的能力。虽然我不曾为此提心吊胆，但仅仅是克服当时的情绪，就已经让我迈出了一大步。她的表现很可能起了很大作用——她的快乐为现场定了基调，也为我崭新的人生故事打开了可能。

我不曾忘记这位女士的目光。她让我知道一切都是富有意义和希望的，相信我们所认定的道路，对于迎接社会上的逆境至关重要。

你完全可以选择如何跟一个人打交道

你完全可以选择如何跟一个人打交道，要么用"傲慢的目光"，要么用"爱的目光"。

培养皮格马利翁的目光，就是在他人身上看到肉眼不可见的东西，是去感觉另一种故事的蛛丝马迹，它闪着光，吸引着我们的目光。它并不是某种数量微乎其微的东西，而是某样藏得很好的东西，只发出隐蔽的信号，只需要被承认，并且得到巩固和加强。

"爱的目光"是相互的

无论是陪伴在孩子身边，还是与合作者一起，运用"爱的目光"并非单向的交流，而是恰恰相反。如果你对另一个人的人生产生了积极的影响，那么也要让对方有机会对你的人生产生积极的影响，这是很重要的。

我要讲一讲我对凯文的一场心理辅导，它最能说明我前面讲的道理。凯文是一个在学习上有困难的初中生。我的任务是让他对自己、对未来重拾信心，并且制订一套最符合他的人生兴趣的志向方案。

凯文不爱说话。在四次会面中我只听过他的三种回答："是""不是""不知道"。

有一天，当我面对他时，我自己正遇到困难。我刚刚在电话里对一个女儿发了火，还没有消气。

我装作一切正常的样子开始和他对话。突然，他看着我说："夫人，您感觉不太好吗？"我对他说："没有没有，我很好。你为什么这么问呢？"他回答："因为我看得出您并不好。"

说实话，我的第一反应是在想："他不会也要让我生气吧？何必多管闲事呢？"

但是很快，我决定换个角度来看发生的事情。没错，他的问题让我恼火，但是我头一回听他一次性说了这么多字。而且，他刚才表现出很好的同理心、观察力和好奇心，试图了解我拼命掩饰的状态。

于是我决定沿着他向我敞开的这条路走下去，预感我们会发现很棒的事情。因此，我有意向他透露了一点我的个人情况。我对他说："嗯，是的，你说得对，我感觉不太好，但是我向你保证，这和你没有一点关系。瞧，你的观察力很好。虽然我想要掩饰，但你还是看出来了。我很想知道你看到了什么地方不对劲？"凯文回答："您和平常不一样，没有微笑。"他补充道，"夫人，是什么问题呢？"

我为他想要知晓一切的勇气和坚持所震撼。我犹豫了一小会儿，然后说道："眼下我跟女儿的关系有点紧张。没什么大不了，就是她几周后有场考试，而我感觉她完全没有努力学习。"

凯文想要知道她所有的事情：她的姓名、年龄……然后，完全出乎我的意料，十三岁的他变成了一位智者，想要给我一些建议，而我认真听取了他的建议："这很正常，像她这个年纪的人不喜欢努力学习，想要和朋友出去玩，而且很烦父母在他们晚上回来的时候一直问有没有学习，就好像他们只对这件事感兴趣。如果我是您的话，我不会再问她有没有学习。今天晚上，当您回到家，您只问她：'怎么样，你的一天过得顺利吗？'不要再说作业，然后您会发现事情顺利解决了。"

嗯，虽然凯文很可爱，但我有点怀疑他提出的方法是否有效。

不过我决定当晚运用这个方法来对待女儿。回到家，我严格遵循了凯文的建议。我露出最美的笑容向女儿问道："怎么样，你的一天过得顺利吗？"女儿向我投来一束目光，好像在说："突然之间她怎么了？"但我坚持住了，而几天之后，她回过头来找我，告诉我她在模拟考试中取得了很好的成绩，并且给我讲了她学的课程。凯文是对的，我需要放松一点管束，给她信任。

再次见到凯文的时候，我向他道谢，感谢他宝贵的建议，然后我们继续制订他的志向方案。这一次他对自己有了很多想法，我们的关系模式明显变了。他的话更多了。我不再是独自一人提出问题，并等待无望的回应，我们的对话成了内容充实的交谈。

通过让凯文为我的生活提供帮助，我使他重拾了信心，让他感觉到自己对他人是有用的。当人们感觉自己对他人有用时，就能体会到强烈的存在感，从而重新找到希望。

面对这种情况，起初我有两个选择：

● 第一个选择是看到我面前有一个学习有困难的年轻人，他通常沉默寡言，而这一次很没礼貌，因为他对一个前来帮助他的成年人过分好奇。（众所周知，"猎奇心是个恶劣的缺点"。）然后一位辅导员应该与来访者保持距离，不应展现出弱点。另一方面，是我在帮他，我很懂。

● 第二个选择是将我的目光投向别处，看到他展现出来的其他东西，尽管因为太过专注于这个年轻人的艰难经历，我们很少在这上面停留。

我知道第二条路对凯文和我更加有益，因为它让我看到了一个突然之间决定讲话的凯文，他很认真、非常善于观察，并且有丰富的经验可以分享。如果认准了第一个选择，我将会完全错过他的这个部分，而这是培养自尊心很好的养料。而且，通过跟凯文讲述我的难处，我让他看到他并不是唯一一个努力生活的人，由此带他走出了孤独隔绝的状态。

你始终可以选择用怎样的方式看待一个人，只要花时间把视野变得更开阔，愿意迎接意料之外的事物，并且稍微摆脱一些成见。

第二章

培养你的善意目光

我们自己闪着光，会让其他人也同样闪闪发光。

——纳尔逊·曼德拉

如果你愿意，你就有能力培养自己的皮格马利翁目光，无论你处在什么年纪，从事何种职业，受教育程度、文化背景如何。

很多人已经在这样做了，尤其是一些人，他们选择的职业需要很爱人类才能完成。比如照护的工作，帮助他人、陪伴、服务等工作。

不过，我们并不一定要去做与心理辅导相关的工作，才能关心照顾他人。

只要有了皮格马利翁的目光，你就有能力关心照顾他人。关键是要有这份意识，并把这种目光当作一项能力来使用，甚至把它当作一种你培养出来和/或别人传递给你的超能力来使用。

这让你拥有一种不可思议的能力，你几乎可以改变别人一天的色彩，为他的人生提供帮助，或者彻底改变他的人生。

你对一个人的人生产生了积极的影响，这也是你给自己的一份礼物，因为你会感觉自己是有用的。一旦觉得对他人有用，我们会感觉自己更强大，因为我们获得了存在感。

皮格马利翁的目光是一种能减少问题并让人成长的目光。这就是我想要跟你们分享的。

意识到你曾受益于哪些皮格马利翁的目光

有助于你培养皮格马利翁目光的第一件事，就是意识到你自己曾从中受益，并且能够看到它具体让你实现了什么，你的生活在哪些方面有了好的改变。当你意识到一些人在人生中的重要性——哪怕有时是在多年以后，那个时刻是极其有力的。在实践中，我们把它称作"搭建你的人生俱乐部"。从某种程度上说，它是你的后援团。在下面这个练习之后，我将会详细介绍这种叙事疗法的概念。

所有被列入你的人生俱乐部的人，都将拥有皮格马利翁的目光，你在有需要的时候，都可以召唤他们。

练习：发现一束皮格马利翁的目光

第一步：在你的记忆里搜索你遇见过的拥有皮格马利翁目光的人

回忆你所有的人生领域（学校、职场、家庭、朋友……），回溯到记忆的最深处，记起某个人某一天曾经承认了你的价值，曾在你的人生中发挥了积极的作用。可能是一个你曾经信任的人，给过你机会；可能是一个在艰难时刻安慰过你的人；也可能是一个已经不在了的人。

第二步：尊重并赞美这个人

一旦你想到了一个人，从此他便获得了一个特殊的位置，你让他从记忆里那些没有姓名的人中脱颖而出，让他处在聚光灯下，尊重并赞美他。现在，想着这个人，回答下面的问题：

● 你为什么选择这个人？

● 你们相遇有怎样的故事？

● 你能想起和他有关的愉快回忆吗？

● 你特别欣赏他什么地方？

● 他带给了你什么？

● 他对你人生的哪些方面产生了积极影响？

● 和他相遇让你实现了什么，哪怕是很微小的事情？

● 遇见他让你有了怎样的不同？他在哪些方面为你树立了榜样？

● 在你看来，是什么让他当时关注到了你？

● 他在你身上看到或欣赏的哪些点是其他人可能没有看到的？

● 依你看，你是否也曾对他的人生产生过积极影响？

● 如果他知道在这个练习中你选择了他作为对

你而言重要的人，他会怎么说或怎么想？

◉ 你会想要告诉他什么？

◉ 什么时候想到他会对你有帮助？

◉ 像刚才那样提起这个人对你产生了什么影响？你有什么感受？

第三步：感受这份回忆的良好功效

通过这个练习，你将体会到别人投给你的皮格马利翁目光。我请你花时间感受一下它对你产生的效果。你选择的这个人从此在你的人生中将有一个特殊的位置。他不再是随便的某个人，而是组成你人生的一个重要的人。他不会被遗忘。在你人生的艰难时刻，当你失去信心的时候，回想这个人并且问问你自己：

◉ 如果他就在我身边，他会给我哪些建议？

这个练习你可以自己做，也可以让一个人问你这些问题，你还可以帮另一个人来做。

如果没有别人的目光，我们将看不见自己

搭建你的人生俱乐部

决定你想要邀请谁进入你的俱乐部。

在体验过与一束皮格马利翁目光产生联结后，如果你愿意，就已做好准备来搭建人生俱乐部了。人生俱乐部这个概念是把你的人生看作一个俱乐部。这个人生俱乐部的成员是那些在过去、现在和你设想的未来很重要的人。这些人的意见影响着你形成自己的个性性格。一些意见对于你的个性性格定位有着更大的权威性，而其他的意见便由此失去效力。由你来决定你更愿意信任哪种声音。

如果你把日常生活中相关的所有人都视作你俱乐部的成员，在某些情况下，你是有意识邀请他们的，但在另外的情况下，你并没有选择。

叙事疗法建议三思之后再决定你更希望看到谁经常光顾你的人生俱乐部。这个过程可以有效地吸纳你人生中重要的人所产生的影响，并且赋予它更多的价值和意义。

换言之，要将这些在你人生中重要的人重新摆到明面上来。就像你在上面的练习中所看到的那样，只不过范围更广。

是谁曾经赋予你价值？你的哪位祖辈、父辈、老师、兄弟、朋友、同事曾经让你意识到自己有权拥有价值？

目的

● 重新与那些曾让你有过积极体验却被遗忘了的人建立联系。

● 意识到有人为你的人生带来帮助，而且你也同样为他们的人生带去帮助。

- 让你的亲朋好友发挥积极的作用，并且让他们感觉更好。

- 重新调整人际关系：把一些人重新纳入关系网，排除另一些人，在头脑中调整每个人的重要性。

我们可以通过与其他人建立联系来解决问题，因为当你孤身一人时，问题会变得更加严重。这就是为什么建立支持社群是很重要的。

规程

你跟每个认识或曾经认识的人都有着一段故事。他们中的有些人曾在你的人生中产生过积极影响，有些人曾见证你展现实力的经过。他们见过你敢于做事，向上攀登，承担风险……从某种意义上说，你的能力被刻印在了他们的记忆中。

找到这些曾在你的人生中产生过积极影响的人，哪怕如今你跟他们不再有任何联系。他们可以是你身边的亲人或周围的同事，也可以是只存在于记忆中的人/物，一个人物角色、一位英雄、一只动物、一个毛绒玩具……

开启一场重温情谊的对话

一旦你找到了这些人/物，请回答下面的问题，或者让一位亲友就这些问题向你提问。在叙事疗法中，我们将这个规程称为一场重温情谊的对话（conversation de re-membering)。

"re-membering"这个词是由文化人类学家芭芭拉·米尔霍夫创造的。这个词一语双关，既指"re-member"（重新成为会员），又指"remember"（回忆）。

练习：重温情谊的对话规程

第一步：这个人对你人生的贡献

● 你和这个人有着怎样的故事？

● 这个人给你带来了什么？

● 在这段关系中你能得到哪些在别处无法得到的精神力量？

● 这会对什么事有帮助？

第二步：通过这个人的眼睛看你的个性定位

● 他欣赏你什么？有什么是他能看到而别人看不到的？

● 你有哪些地方是被他看重却被别人忽略的？

第三步：你对这个人人生的贡献

● 你的出现给这个人带来了什么？

● 当你看重他所带给你的东西时，会对他产生怎样的影响？

● 因为认识了你，他的人生会在哪方面有所不同？

● 在他的人生中，这段关系有着怎样积极的影响？

第四步：你的贡献怎样影响这个人的个性定位

● 这段关系会怎样影响这个人对自己的看法？

● 因为有你，他得以发现自己个性的哪个方面？

● 这段关系如何使他的重要价值观得到强化？

● 你觉得认识你会使他对人生的想法有所改变吗？

重建连接

用这两个问题作为结束语：

● 对这个人的记忆重新浮现，对你有怎样的影响？

● 在你看来，当你记起和这个人的联系后/时，会为你在生活/工作中开启新的可能吗？

心理教练的回忆：雨果

雨果二十岁。他的学业乱成一团，他复读了两次，被勒令退学，一年之后试着通过职业高中会考。如今的他很热爱工作，不过他意识到获得职业高中毕业文凭会让自己未来的路更容易一点。

为了让他重拾自信，我请他回忆一位曾在整个学生时代里投给他善意目光、信任他的老师。一开始他下意识地回答"没有"，我坚持让他回忆一下。突然，他对我说："在我上幼儿园的时候，确实有一位女老师。但是这一切时隔太久了。"

我请他给我讲讲这位女老师，他准确地记得她的姓——马丁、她那甜美温柔的声音、她让他们做的事情。他记得，她认为他画画很好，并把他的画挂在教室里。他记得，当时自己很喜欢去学校，很喜欢学习。

回忆起马丁夫人对雨果来说是一次彻底的转变。他重新和她建立起联结，走出孤军奋战的状态。这个人在他的求学生涯里产生过积极的重要影响，带着关于他部分能力的记忆，他让她得以重见天日。通过和她重新建立起联结，他也跟失败经历之外的其他经历重新建立起联结。马丁夫人在他小时候投给他的皮格马利翁目光，如今帮助他在困境中坚持下去。雨果取得了高中毕业文凭。

加固人生俱乐部的方法

一旦你找到了为你提供精神力量的人，把每个人和一件象征物联系到一起，当他们不在你身边的时候，这件护身符能帮你跟他们重新建立联结。

有很多办法来加工装饰你的人生俱乐部，其中特别重要的方法被我称为"生命的珠子"。

我是从美洲印第安人的传统中获得启发的，特别是纳瓦霍族印第安人，对他们来说串珠项链具有象征性意义。串珠项链有守护作用，能带来力量和勇气。

首先，列出所有重要的人、生活中各个群体里对你产生积极影响的人、所有那些看着你时会让你感到更强大有力的人：在家里、工作中等等。

然后准备满满一大盆大小、形状、颜色各异的珠子。还要准备好线并考虑好想要什么，可以选择项链、手链、钥匙环等。

让你名单里的每个人对应一颗珠子，好好花时间想一想那个人，让那颗珠子永远跟他联系在一起。

你会得到一大把珠子。用线把它们串成你想要的东西：项链、钥匙环等等。从此之后，这件东西会在人生的各个场合陪伴着你。

如果你是和某个人或一群人（比如你的孩子们）一起做这个练习，接下来你们可以彼此分享。请每个人向其他人介绍自己的一颗珠子：

● 你可以给我们讲讲你的一颗珠子吗，你选一颗来讲？告诉我们你想要从他身上获得什么？

● 把这颗珠子留在身边会在哪方面对你有所帮助呢？

打开自己，在日常生活中寻找美妙的事情

要想培养皮格马利翁的目光，没有比练习发现日常生活中的美更好的方式了。为此，要学会充分观察四周，通过一个动作、一个眼神、一种态度，发现你也许没有想到过的人情味。

美并不在于（不只在于）审美之美，更在于人和日常事件的诗意。拥有这种能看到身边的美、惊奇和诗意的能力，会让你极大地恢复活力。

你也可以在一些并不那么愉快的时刻——比如遭遇堵车时，练习捕捉一抹微笑、一道善意的目光、一个奇特或古怪的情景。

让自己处于自由开放的状态

要想看到日常生活中的美，你必须让自己处于自由开放的状态。也就是不那么刻意想着自己，再以这种心态去与别人交往。这是种有意识的行为。

母亲总是跟我们兄弟姐妹说，"去享受"一片景色、一个情景、面包的香味、露天晾干的衣物……她赞叹

所有的事情，并且邀请我们享受日常生活中这些单纯的时光。

我承认现代生活中我们并不能一直这样做：我们从家里出来，想着一天的工作，想着要带孩子去上学……在地铁里，在拥挤的高峰时刻，面对那些并不总是带着和善微笑的陌生人，很难保持开放。然而，即使在这样的情境里，给自己一个挑战，去发现你不得不面对的这个阴郁现实之外的东西。你一定会惊喜地发现一抹微笑、一个礼貌的行为、一句幽默的话。你将看到，这些能够让你的精神和这一刻的色彩彻底改变。

心理教练的回忆：小小一声"嗨"

美以很多种方式来到我们身边。就像这一次，对我而言，它是以小小一声"嗨"的形式出现的。

总有这样一些过得不怎么好的日子，从起床状态就不好。然后我要面对一群令人头痛的心理辅导学员。在这样的一天结束后，我一坐到车上，就只想赶快回家。

我开到一条大道上，路上有很多车。突然，在一处对我来说是绿灯的路口，一个女人走上了人行横道。她步伐坚定，看都没看周围的车。我不得不猛地刹车，后面的其他车辆也不得不紧急刹车。她身前推着一个婴儿车，身后跟着一个五六岁的孩子。

我恼火地看着这个女人从我面前走过。我在想是什么让我如此生气。是我认为她对自己和孩子不够小心谨慎，还是她无礼的行为和这种对周围人毫不在乎的态度？又或者，我只是害怕自己没能及时停下来？这一家人刚走过我的车前，后面的车便响起喇叭催我赶紧走，但是我等着他们过了马路。必须说的是，她完全不着急。

当那个小男孩终于踏上人行道，我准备启动汽车时，他出人意料地转向我，冲我微笑并挥了挥手，小声说了一句"嗨"。

这小小一声"嗨"令我感到惊诧，因为我的愤怒被一扫而空，这个夜晚被整个点亮了。五岁孩子的"小小一声嗨"能够在几秒之内治愈糟糕的一天，并且修复了伴随这一天的阴郁心情。

在这个故事中，当我不愿太快启动汽车的时候，我处在自由开放的状态。我看重的是正在过马路的这一家人。我的目光跟随着这个孩子，有一刻我确实是和他们在一起的。只有当我们迎向他人的时候，这种奇妙的时刻才有可能出现。

这"小小一声嗨"很好地说明了，每天认真对待生活中的每个事件，留心关注并且看到它所包含、赞美之物，以及可能产生的结果是多么重要。这"小小一声嗨"反驳了我讲给自己以至于让我生气的那个典型故事："这个女人过马路没有看我们，她对我们毫不在意，就像我辅导的那群人，还有那些对我的提议无动于衷的人……"这个小男孩跟我说了"嗨"，他以某种方式告诉我"我看到你了，谢谢"，由此让我重新获得了存在感。从这个总体来看稀松平常的事件中看到"美"，就能让稀松平常变得不再平常。

如何变得认真专注

不想错过这些美和诗意的瞬间，你需要非常专注于自己的情绪。当你感到动容、激动、震惊时，当你感受到体内的热度时，花点时间去试着理解发生了什么，感受到了什么。把这些美的时刻（就像这小小的一声"嗨"）记录到小本子上，在这个小本子上记满你所看到的宝贵时刻，在需要的时候，你便能回忆起它们，并从中汲取养分。

尤其当你陷入了困境时，更要认真对待这些时刻，会有一道阳光在严冬中不请自来，温暖你的身体，用新的希望照亮你的道路。

避免任何仓促的评判：你永远不会错过一份惊喜！

皮格马利翁的目光也告诉你，面对一个人，无论你知道他的什么事，或者他向你展示过什么，你都有可能获得一份惊喜。这是我在这些年通过生活经验形成的一种信仰，它使我重新审视和探讨人的本性。因而不要仓促地评判别人，拭目以待。当你的思想状态自由开放时，往往会得到惊喜。

心理教练的回忆：迈克尔

我对一组孩子进行自尊心方面的心理辅导，他们不愿谈论自己。因而我提议，他们用一个名叫生命之树的方法，画一棵树并在上面写一些字，比如他们来自哪里、他们的长处、他们喜欢的东西、他们对人生的计划（生命之树的详细规程见第163页）。

除了一个人，其他人都接受了。一个叫迈克尔的男孩虽然愿意画树，但是不愿写字："没必要写，我记在脑子里。"说实话，我认为他没把我放在眼里，只是不想做这个练习。我可以选择是否强迫他写。不过虽然我不太相信他的话，但我更愿意遵从他的决定。

在这个练习结束时，这组学员将各自的生命之树放到一起，将它们贴到一面巨大的墙上。它们形成了一片枝叶繁茂的美丽森林，只有一棵树是光秃秃的。

每个孩子都向同学们介绍自己的树，轮到迈克尔时，我有些为难，因为我不想让他陷入尴尬。但出乎我的意料，他主动讲起了一个关于自己的有趣故事。他的生活、他的价值观、他的计划。

我曾以为他骗我，他毫不在意我的练习，原来那只是他做事的方式。如果强迫他写东西，他可能会闹别扭，而我就失去了了解他的机会。

皮格马利翁的目光可以是一个简单的动作、一份关心、一个微笑

皮格马利翁的目光是一道全世界通用的振动波，除了话语，它还可以通过表情、态度、微笑、迎接，以及你释放出的人情味来表达，它是一种存在。有时它还可以是一种简单的交流，甚至是瞬间的交流。

它甚至可以存在于独一无二时刻。一个动作、一个姿势、一份关心，它们只出现了一次，但是在恰好合适的时

机，它们将点亮你的整个生活，这份关注将使你更加坚韧。

因而，当我在街上遇见不认识的人时，对方冲我微笑，便会给我的一天带来阳光。我知道因为收到了这份微笑的礼物，这一天将会变得不一样。我想因为这个微笑让我感觉很好，所以它对别人也会有好处。因而我不会不付出回报，也就是说，我会尽可能多地对擦肩而过的人们展露笑容。

你看，这真的是举手之劳，所有人都能够做到。

贡捷先生，谢谢你的关注

心理教练弗朗索瓦丝·皮芙费尔曼-西尔万记述

在我上高中时，一天早上我做了一份需要评分的物理作业，因为前一晚跟母亲吵架，我感到心绪不宁。20分满分的作业，我只得了4分。

课间休息的时候，我没有参与课间活动，待在一边反复思考着自己的分数，这时我的老师贡捷先生走了过来。他用拳头在我的额头上轻敲了两下，问道："这是怎么回事？"我摆出防御姿态回应道："就是，怎么回事呢？"

他直视我的眼睛，非常温柔地对我说："这个分数，这不是你！所以我想知道你怎么了？"然后，我们进行了讨论。

他对我的真情让我非常感动。他看到了分数以外的东西，而他来找我这件事，也完全不像那种情感外露的外向型老师的做法。

那天，贡捷先生看到了完整的我，并对我表示了关心，这让我感觉自己受到了认可，我是重要的，有人看到了我本来的样子。他允许我犯错，想要了解我和我经历的事情，这让我重新受到激励和鼓舞。我再度相信自己是有价值的。我在物理课上再也没有拿过低分。

操场上这几分钟的目光或许显得微不足道，然而在我人格形成的过程中，它是一道特殊的目光。这道珍贵的目光为我注入力量，让我渴望表现出自己最好的状态。它教会我超越外表、行为和他人展现出来的东西去看事情，带着兴趣和好奇心认真地观看和倾听他人，去探索赞叹某人时能够让对方也赞叹自己的方法，让他相信自己，并重新行动起来。

发现你的超能力

这就是叙事疗法的信条，每个人都拥有引导自己人生走向的能力，这种能力是无法被剥夺的。每个人都是自己的希望，因为他满怀关于自己人生的财富和知识。从某种意义上说，你是自己人生的英雄，而每个英雄都拥有专属于自己的超能力。

这些超能力是你在人生过程中培养出来的。它们会帮你战胜"杀人的目光"，帮你跨越人生路上可能存在的障碍。

找到你童年的英雄

你儿时曾喜爱的英雄塑造了你，并且从某种意义上说，你所培养的是他们身上令你崇拜的能力。在你遇到困难时曾让你得到帮助的事情，你会把它作为模板，在之后的人生中重复它，并从中寻求启发。

小时候，我曾痴迷于一部名叫《家有仙妻》[1]的美国电视剧。女主角萨曼莎按理说是个普通的年轻女人，但她有种能力，只要动一动鼻尖，就能让全家人脱离各种棘手的困境。除了能让问题消失不见之外，她身上让我特别喜欢的地方，就是她单纯、优雅、调皮又风趣，能够让气氛变得轻快，因而问题也显得不那么严重了。这部电视剧为我

1 　指美国1964年拍摄的喜剧 *Bewitched*。——编者注

的生活带来了启发，在艰难的时刻，我会按照她的方式来应对。此外，幽默也是我发展出的一项优点，它很大程度上帮助我更客观辩证地看待事物，让我身处的情境变得更轻松。

什么是超能力？

超能力是一种只属于你的特定天赋，是你在多年间为了生存下去而发展出来的，有时是别人传递给你的。它不只是一种品质、一种能力、一种技能，它就像是一项天赋，是你身上固有的力量，让你能够从任何境遇中脱身。我们都有一种或多种超能力。

精神分析学家爱丽丝·米勒在《天才孩子的悲剧》一书中说：那些愿意陪伴辅导别人的人，往往是经历过创伤的。

他们从伤痛中挺过来，然后就成了生存专家，并决定以此作为职业。

对于心理辅导者确实是这样，对于我们每个人来说也没错。我们所有人都经历过或大或小的创伤，并且挺了过来。找到你在挺过来的过程中做了什么，你便会发现自己的超能力。我们每个人的超能力各不相同，这使我们成为独特的个体。

要发现一个人的独特之处，没有比揭示他的超能力——这项他独有的天赋——更好的办法了

要想发现你的超能力，首先要回顾一下你的人生经历。如果你想发现自己的超能力，请回答这些问题：

● 当你回看人生、过往，你都遇到并应对了哪些挑战和/或创伤？（家庭中、工作上、个人层面等）

● 你是如何经受住这些挑战的？你会自发地做哪些事来改善状况？你做了哪些具体的事情来战胜这些挑战？

● 既然你到了如今的位置，是什么帮助你成功地战胜了这些挑战？

● 有什么事或什么人是你过去能够信任依靠的？

● 这让你发展出了怎样的品质和能力？

● 这些品质和能力显示出你的哪些价值，显示出哪些对你而言重要的内容？

通过应对人生的挑战，你成了生存能手。你用了专属于你的应对策略，在之后每一次遇到挑战的时候都会用这套办法。你并不总是能意识到这一点，因为对你而言，这是再平凡不过的事。这就是你通常做事的方法。

但是要注意，这件平凡的事其实是非凡特别、具有魔力的，给这种独特的应对策略取个名字：

● 你做事的这种独特方式，你惯常用来应对挑战的做法，你会如何命名它？

你脑海中出现的名字就是你的超能力。

● 你的超能力还帮你应对了哪些其他的挑战？

将一个优点转化成超能力

一个优点并不足以成为一种超能力。要想把优点转化成超能力，就需要针对这个优点提问，寻找它的特性。为此，你要扮演一名考古学家：深挖，探寻这个优点从何而来，它有怎样的故事，还有没有其他故事，什么时间，什么来由，什么地点。

如果你想要将你的一个优点变成超能力，就想着你的一个主要优点，回答下面的问题，让这个优点对你而言更具有特殊性。就像下文的这个例子，如果你的优点是倾听：

● 对你而言，倾听是什么？

● 你怎样倾听？

● 要像这样倾听，还需要哪些品质和才能？

● 当你像这样倾听的时候，你觉得什么是重要的？

● 像这样倾听显示出你的什么特点，显示出哪些对你而言重要的内容？

● 你所掌握的这种特殊的倾听方式为你带来了什么？为你对面的人带来了什么？

● 这样的倾听方式，你是从哪里学来的？

● 你会给你拥有的这种特殊的倾听方式取什么名字？

你所取的名字便会成为属于你和其他人的优点，也可以说是你的超能力。

你可以继续问自己：

● 你是怎么获得这种特殊品质的？

● 教你这种特殊品质的老师是什么样的？

● 如果在回答前面那个问题时你想到了一个名字，那么这个人值得纳入你的人生俱乐部。

超能力的目标

当你这样研究一遍自己的超能力，为这种只属于你的能力取了名字，你便能更好地掌握它，更好地运用和发挥，并让其成为一项超级助力。

当你回头向自己的目标看时，会感觉自己全副武装，不是在孤军奋战。

神奇的地方在于，还可以把事情反过来，也就是把挑战变得平庸，而让优点变得超乎寻常。

练习：寻找超能力：故事[1]

我要给你们分享另一个关于英雄人物和超能力的练习。这个练习很好玩。

你可以自己体验，或者让亲友们来体验。

这个练习的目的，就像我在前面通过《家有仙妻》所讲的，是让你意识到儿时所喜爱的英雄人物对你起着塑造的作用。他们身上令你欣赏的超能力，你也以某种方式培养并施展过。

找一个你还记得的故事。回想这个故事，然后问自己下面这些问题：

⦿ 这个故事在哪方面对你很重要？

⦿ 这个故事中有没有一段情节、一个人物特别打动你？

⦿ 这个故事中打动你的地方，也就是故事的这个特定情节或特殊人物，在你现如今的生活中是否还起着重要的作用？

⦿ 或许你可以举出生活中一个特定时刻、一个具体的行动，你在其中展现出了你所看重的这种品质、特征？

1　这个练习是由我的一位同事兼朋友马蒂娜·孔帕尼翁设计的，她是短篇小说作家和叙事疗法实践者。——原注

◉ 如果这个故事中的角色看到你这样做，他/她在故事里知道你迟早会展现出这种品质、意愿，你觉得这会对他/她产生怎样的影响？

◉ 就像你所分享的例子那样，你在生活里这样做了，你想悄悄在他/她耳边说句什么？

◉ 你觉得这个角色会在你耳边说句什么？

◉ 听到这句话，会让你在未来的日子里，哪方面有所改变？

花时间记录一下你从这个练习中得到的东西，看它揭示了你的哪些能力和人生准则。

心理教练的回忆：斯特凡纳

斯特凡纳是位校园心理教练和调解员。这个年轻男人有着雄心壮志，希望创建自己的心理辅导机构。他致力于辅导巴黎郊区那些内心敏感的初中生和高中生，引导他们培养自尊心并制订未来计划。他还希望就青少年教育的主题举办讲座。

当我问起他是怎么在人生中形成这个志向的，他告诉我在初中时，有几年时间他在学业上很失败。有人想让他退学。他坚持了下来，特别是他跟一位老师进行了几次重要的会面，这位老师对他很关键，让他开窍了。有一天，这位老师对他说："要想获得成功，就要为自己做规划，有一个计划很重要。"这些话让斯特凡纳有种被电流击中的感觉。他取得了高中毕业文凭，并获得了优异的成绩。

我问斯特凡纳，初中时期艰难的那几年是怎么过来的：为了取得成功，他安排了哪些事？谁帮了他？很快我们看到了一套应对策略。他对我说："通常，当我想要某样东西时，我会做三件事：一开始我会花一些时间让我想要的情境形象地展现出来。在这个例子中，我看到自己取得了高中毕业文凭，去看成绩，看到我的名字，看到父母高兴的样子。我需要看到自己在想象中的情境里的一个瞬间。接下来，我向上帝祈祷，让他帮助我实现目标。一旦我通过想象看到了结果并做完了祈祷，我便投入行动中，也就是安排自己的行动来实现目标。我付诸行动，并且坚持了下来。"

"对于这套你每次都会用来应对挑战的办法，你把它叫什么？"他想了想告诉我，预见行动。"预见行动"是斯特凡纳的超能力。我问他有没有其他运用"预见行动"的例子。他有很多例子，比如去美国学英语、考驾驶执照，以及很多其他的挑战。

运用叙事疗法

叙事疗法在于构建故事，让你变得更强大，能够正面迎接挑战。

总的来说，叙事疗法基于一个理念，你惯常对自己生活所做的叙述要么将你封闭起来，要么让你自由解放，而一个情景、一个人或是一群人，并不能被几个人的看法简单概括。

叙事疗法以讲究的谈话技术作为基础，它并没有把关注点聚焦在问题上，而是相反，聚焦在这些人或这些群体解决自己问题时展现的能力上。

我把叙事疗法当作建立皮格马利翁目光的一个切实基础。因为这种做法很温柔，而且尊重人，它让我们把人看作"足够了解自己生活"，并且认定他们最应该知道什么适合自己。

你马上会读到关于这种实践的内容，如果它让你受到了启发，甚至吸引了你，那是因为你已经不自觉地做了一点实践。每当你感觉需要在家庭生活中处理和孩子或伴侣的紧张关系，或是在工作中自信心受挫，需要重拾自信时，你都可以运用这些方法。

发展史

叙事疗法是20世纪80年代在澳大利亚和新西兰由两位社会工作者迈克尔·怀特和大卫·艾普斯顿构想出来的。他们也进行家庭治疗。2008年迈克尔·怀特去世后，大卫·艾普斯顿继续发展这项实践，在全世界有了很多拥护者。尤其是在法国，不到十五年的时间，已经发展出一个实践叙事疗法的社群。

这项实践有着非常鲜明的政治态度，它的创立首先是为了辅导少数群体——那些受苦的人们，为了让他们受到贬低的身份得到平反。比如迈克尔·怀特曾辅导过澳大利亚的土著部落。

如今依然有不少地方，在那里人的个性性格会受到贬损：在学校，孩子们会遭遇困境；在家中，他们有时会受到虐待；在公司，一些人会被冷落；甚至在伴侣之间，也会发生家庭暴力……

对于叙事疗法，一切都围绕着一个基本原则：你是你自己生活的缔造者。做生活的缔造者，就要意识到你是有选择的，要顺应你的价值、希望、原则去生活，要向着生活中你认为重要的事情靠近。

重要概念

是你掌握着该知道的事

当你缺乏自信心或者身处困境时，你成了一个"一无所知"的人。你感觉是在忍受，什么也控制不了。

你常常用很有限的话描述自己，就好像你的人生里没有一点重要的事。也就是说，你把自己身上发生的所有事都看得不值一提。比如，你顺利通过了一场面试，你会说或者会想"我运气好，我什么也没做"，而不是关注到自己的所有优点，为成功而庆祝。

叙事疗法就是要让你重新掌握本该知道的事，因为你最有资格知道自己正经历着什么，曾经历了什么，什么对你好而什么对你不好……你才是自己生存和生活的专家。迈克尔·怀特曾说："相比其他任何人，人们自己身上永远有着更多真实经验来解决困难。"

有了意识，重新掌握了该知道的事情，你将再度发现生活是丰富绚烂的，重拾信心，重新对生活产生好奇，并且渴望续写自己的故事。

为了帮助你更好地形容自己，并且由此掌握属于你的知识财富，我建议你做一个小练习，回忆过去的一次经历，印象中自己曾经为了让自己舒服而做的事，或是捍卫自己利益的成功经验，曾经勇敢地说过的话（比如大胆地告诉你的领导他对你说话很恶劣）。

然后为了让这段经历更加丰富鲜活，问一问自己下面这些问题：

● 这件事是怎么发生的？（什么时间？在哪里？有谁在场？等等。）

● 你具体做了什么？

● 你是怎么想到这个主意的？

● 你会给这段经历起什么名字？（比如勇气、重整旗鼓的能力。）

● 你做到这件事说明了什么？

● 做到这件事显示出你的哪些宝贵价值？

● 这件事怎样影响了你对自己的印象？

● 它对你的工作或家庭产生了什么影响？

● 它对你的人际关系（与你的配偶、家人、孩子、亲友、同事等）产生了怎样的影响、冲击？

● 它让你对自己产生了怎样的看法？

● 它对你的价值观（判断什么对你来说更重要）产生了怎样的影响？

这就是丰富一段经历，赋予它重要性的具体做法。

这样一来，这种"行为方式"就会变成你真正的优势，每当你需要应对挑战时，就可以有意识地用到它。

心理教练的回忆:"我记得"练习

这个练习得益于我的同事弗洛尔,我从乔治·佩雷克的书中获得了灵感。他的书《我记得》是一本回忆片段的合集。

我让学生们想一想那些对他们重要的回忆,围绕这段回忆构筑起一个故事,然后用"我记得"作为开头给我讲述这个故事。当他们给我讲故事的时候,只用了一句话,像是"我记得自己第一次坐上飞机","我记得自己跟着班级同学一起去了阿斯泰里克斯公园"……

当我说"你可以跟我多说一点",第一次坐飞机的亚历山大说:"但是我没有别的可说的。"

于是我问他:"我可以问你几个问题吗?"

蒂娜·舍雷尔:你第一次坐飞机是什么时候?

亚历山大:四年前。

蒂娜·舍雷尔:你当时几岁?

亚历山大:八岁。

蒂娜·舍雷尔:你去了哪里?

亚历山大:伊斯坦布尔。

蒂娜·舍雷尔：伊斯坦布尔在哪里呢？

亚历山大：在土耳其，是那里的首都。

蒂娜·舍雷尔：你和谁一起去的？

亚历山大：我的爸爸、妈妈和妹妹。

蒂娜·舍雷尔：你们去伊斯坦布尔做什么呢？

亚历山大：我们去妈妈的姐妹也就是我的姨妈家度假。

蒂娜·舍雷尔：是在一年里的什么时候呢？

亚历山大：是夏天，七月份，暑假。

蒂娜·舍雷尔：当时天气怎么样？

亚历山大：太热了。

蒂娜·舍雷尔：你对这次坐飞机的旅行有什么样的回忆？你喜欢吗？害怕吗？

亚历山大：我很喜欢。当飞机起飞时，我有点儿害怕，还感到恶心，但是后来就好了。我喜欢从上空俯视地球，看那些房屋、田野和旁边的云朵。

我对亚历山大说："你愿意把你刚刚说的东西加上，重新给我讲一遍你的故事吗？"我做了笔记，并且把笔记交给他。"如果你愿意的话，就花一点时间做准备。"

第二次上台的时候，他以一种完全不同的方式更详细地给我们讲述了自己第一次坐飞机旅行的故事，精气神儿都不一样了。他为自己的经历感到自豪。

带上皮格马利翁的目光，就是保有好奇心，提出问题，让我们看到和倾听的人重新掌握自己的知识财富。

人不是问题

人是人，问题是问题，人从来不是问题。你可能会和一连串问题打交道，但你不是问题。

有很多人认为他们的问题反映了自己的个性。比如"我很腼腆""我不擅长做决定""我是个糟糕的经理"。他们把这些当作必然的宿命。

如果你不是问题，那么问题一定存在于某个地方。它常常藏在关系、文化、教育、背景、挑战等之中。例如，当你听到"我是一个糟糕的经理"时，问题并不在于这样说的那个人，而在于他所在的公司推崇的管理风格并不适合所有人。有多少人就有多少种管理风格。

我们常常把自己视作问题（"我很差劲，不够格，水平不够，所以我一点也帮不上别人"），或者觉得别人是问题（"他们很差劲，对这个什么都不懂，表现很差"）。在职业机构中，人们经常将某个人视为问题。不过，即使这个人被辞退了，问题依然存在。

把问题向外归因，也就是重新定义你和一连串问题之间的关系，让问题不要阻碍你向前走。

在叙事疗法中，问题几乎被看作一种运气，因为它让你有机会发现对自己重要的事情。问题反而揭示了对你而言什么是重要的。如果没有问题，你将会停留在一条习惯的、模糊的道路上。

迈克尔·怀特构想了一些对话来帮你解决问题。某种意义上说，揭下你的标签。他设计了一套规程，称其为向外归因的对话。

向外归因要分析考察问题背景（在哪里、和谁、什么时间、怎么样），把你放到问题外面。也就是说，它让你看到你只是和这类事情有联系，而非身处其中。如果你和这类事情有联系，意味着你也可以和其他与你的能力、价值和兴趣点相关的事情产生联系，再也不是由问题决定你究竟是谁。

我建议你带着示例的问题来完成这套向外归因的规程。你可以试着把它用在自己、身边的人身上或是工作场合中，来战胜人们对你的描述和/或那让你生气的描述，比如："我乱七八糟的。"你还可以帮助你的朋友、孩子完成这场对话，围绕他讲到自己时会让他感到不快的描述，比

练习：对问题向外归因的规程

探索问题的背景情况

思考这个问题，首先很重要的是探索问题的背景情况。请努力找出一个词、一句话，表达这件事情里让你最不舒服的点。将"我拖拖拉拉的，完成不了作业"变成"'行事拖沓'让我无法完成作业"。

给问题取个名字

◉ 对给你带来问题的事情，你会把它叫什么？

在上面的例子中，问题的名字是"行事拖沓"，它像是一个专有名词。事实上，你需要把问题通过拟人的形象体现出来。

对问题做一个翔实的描述

用最多的细节来描述问题的经过，描绘出一个形象的综合画像。让描述尽可能翔实；你加入越多细节，就越能意识到自己掌握着全部该知道的事情。在所有这些提问中，准确说出问题的名字最为重要，比如："'行动拖沓'是怎么进入你的生活的？"如此一来，你就能意识到问题不在于自己，因为问题有另一个名字。

这一步让你将问题描绘成一个形象的综合画像。

示例：

◉ ××问题是怎么进入你生活里的？

◉ ××问题是从什么时候开始出现的？

◉ ××问题为你带来了什么样的叙事？

◉ 在你看来，是什么让你把××问题纳入了自己的生活？

◉ 在什么情况下××问题会充分展现出来？

◉ ××问题对你的生活有着怎样的企图？

◉ ××问题在你的生活中有着怎样的用处？

◉ ××问题有着怎样的表现？

◉ 是什么让你在生活中更容易出现××问题？

◉ 谁能够很好地谈论××问题？

◉ 谁是××问题的盟友？

◉ 谁是××问题的敌人？

◉ 有没有一些人能削弱××问题？

◉ 你的哪些熟人亲友是××问题不喜欢的？

◉ 在你看来，××问题在本国每年影响多少男性和女性？

◉ 当下哪些言论有利于××问题进入你的生活？

● 在你看来，××问题是怎么在你的生活中占据如此位置的？

● 什么能让××问题灰心丧气？

● 哪些想法、言论能够把××问题从你的生活中赶走，或者让它退却？

● 有哪些价值观会让××问题束手无策？

● ××问题能够落败吗？

● ××问题会根据什么来判断你在抵抗它？

● 你能讲述一个曾拒绝××问题进入自己生活的例子吗？

● 如果你成功抵抗了××问题，说明了什么？这显示出哪些对你而言重要的内容？

探索问题的影响

接下来我们探索问题的影响：去看这个问题在你的生活中产生的影响，以及它在你生活的各个不同领域和你的人际关系（家庭、职场、学校、朋友和你自己）中发挥的作用、产生的影响；探索它对你的目标、希望、憧憬、梦想、价值标准发挥的作用、产生的影响。

这一步可以让你把问题放到外部，将它还原到自己的位置上，回到它的文化背景等情境之中。

示例：

◉ ××问题在你的生活中造成了怎样的结果？

◉ 当××问题存在时，你做哪些事会感到困难？

◉ ××问题让你做了什么？不让你做什么？

◉ 若××问题存在，你与人交往时会发生什么？

◉ 对你来说××问题的目的是什么？

◉ 关于你是个什么样的人，××问题引导你得出了怎样的结论？

◉ 当××问题存在时，它让你变成了什么样的形象？

◉ ××问题存在的时候有怎样的好处和不便（在你生活的所有领域）？

◉ 当××问题存在时，它会怎样影响你对生活的希望？

◉ 当××问题指引着你的生活时，你对未来的梦想进展如何？

针对问题的影响调整自己

回顾这个问题对你的生活、人际关系产生的所有影响，并且表明立场。这个时刻你将重新变成生活的缔造者，用批判的眼光看待你所经历的事情。重新接纳每一处影响，并且问自己它们是否令你感到满意。

示例：

◉ 这些对你生活的影响令你满意吗？

● 你是怎样采取这样的立场的?

● 对此你的感受如何?

● 你有什么想法?

● 你对此有什么见解?

● 你认为生活中的这些影响是正当合理的吗?

暂停一下,想一想你的生活中具体发生了哪些事。通常,这种评估是由他人——父母、老师、警察、心理治疗师——进行的。这一回,请你为自己做这场评估。

论证你的立场

探索你对每个影响采取的立场包含着怎样的意义。为什么你采取了这样的立场?

● 为什么这令你满意? 为什么这令你不满意?

● 你为什么采取这个立场?

● 你能讲一个与自己生活有关的故事,帮我们理解为什么你对此采取这个立场吗?

"为什么这令你满意? 为什么这令你不满意? "这个问题能让你重新与对你重要的事情产生联结,这些事在问题存在的时候没有被激活。

通常,在一个问题背后,有一些对你而言很珍贵的价值观,很难被表达出来。它没有凸显出来,但是隐藏在问题之中。

向外归因的规程能够揭示出，对于生活你想要什么，什么对你而言更好。一旦了解了这些，你便能找到办法实现它们，或是找到一些途径，让它们得以表达。

你拥有多重叙事

我们拥有多重叙事，因为我们有着多重个性。有时，我们感觉自己被困在其中一个故事的叙事里，就好像我们只拥有一两个故事经历。关键是你要关心自己的所有故事。对我来说，我是心理教练——这是我的其中一个故事。但我也是家庭中的母亲，喜欢唱歌、烹饪，练瑜伽，拥有才华，我就不赘述了……大家都是这样的。

带上皮格马利翁的目光，就是能够关心这个人所有的故事。

在这本书里，你会找到很多尊重并赞美你和你身边人多重叙事的方法，例如生命之树。

提问的艺术

具体来讲，所有人对于孩子、配偶、合作者都可以用向他们提问的方式推进思考，以此来维护对方与自己的关系。

叙事疗法也是提问的艺术。因为那个人掌握着该知道的事情，所以提问只是为了寻找他所知道的关于自己人生财富的内容。"每当提出一个问题，我们便有了一种生活的可能。"大卫·艾普斯顿说。

每个行业都有自己的工具。手艺人通常都会非常留意自己的工具，确保能很好地使用。叙事疗法治疗师则非常关注自己的问题，并构想出代表关心的问题。"构想出让人有尊严的问题。"大卫·艾普斯顿也这么说。

什么是好的问题？

一个代表关心的问题，指的是能问到实在的地方，而且尊重并赞美人的意愿、行动、能力和价值。

一个好的问题，也是一个纯粹出于好奇心的问题。你只是想要得到答案。你对别人感到好奇。如果你对别人感到好奇，就能让他也对自己的生活重拾好奇心，关心自己的生活。你的问题在问出来的时候，你并不知道答案。虽然对于这些问题，接受辅导的人也没有答案，但是问题会把他带到可以找到答案的地方。用你的问题促使人们向外看，去那些他们很久以来不曾涉足的地方，他们曾在那里做成过一些事，采取过行动，做出过选择。

皮格马利翁的目光不仅仅是一种看待他人的方式，也教会了你如何通过跟他人谈话来关心对方。

比如在一对伴侣之间，要想保持对话，和谐相处，什么都不如时不时做一个简单的梳理，相互问一些维护关系的问题。

为此我建议你们做下面这个小练习。不过在此之前，请你们两个首先拿一大张纸，画一个大圆，将圆分成三等分。圆的每个部分对应着下面的一个问题。做出回答，并把你们说的话一起记录到圆的每个部分里。

练习：伴侣练习——关系合约

⊙ "为了让我们的关系进展顺利，我对你有哪些期待？"

你和你的伴侣轮流说出为了保持良好关系自己对对方有哪些期待。当你的伴侣讲话时，你要接受对方所说的，不做评论，不做评判，反过来也是如此。

当你们两个都表达了自己的期待，彼此都要对对方的期待做出回应，告诉他自己听到了什么，哪些有可能做到，而哪些不可能做到。

对于那些不可能做到的事，说出为什么是不可能的，并在必要时提出替代方案。

示例："我听到的是，你希望我不要每个周末都抛下你而跟朋友出去。我需要经常跟朋友见面。但是我提议，我可以不那么频繁地见他们。或许可以一个月见一次。"

让一段关系变僵的，是你对伴侣的某种期待从来没有实现，或是对方对你有某种期待，却从来没有实现。在做完这一步之后，你们每个人都清楚了能从对方那里得到什么，以及无法拥有什么。这个时候，对于你无法拥有的，你将会知道原因，并且能够放弃它们，不再有所期待。

⦿ 为了让我们的关系进展顺利，我放弃了什么？

一旦你们每个人都回应了对方的期待，为了确认信息得到了很好的传递和理解，你和你的伴侣要讲出有哪些是你们需要放弃的。

还是用上面的例子，你的伴侣可以说："我放弃了每周跟朋友见面，来维系我们的良好关系。"

⦿ 为了让我们的关系进展顺利，我做出了哪些承诺？

基于上面所有说过的话，你和你的伴侣将要践行你们一起做出的决定。你们要具体地说出你们承诺了什么。

这是一段关系的合约。合约并不是一成不变的，而是可以按照你们两个都舒适的节奏重新商议你们的合约。每年、每六个月，如果有可能的话，坐在一张像样的桌子旁，按照你们的意愿对合约的条款进行改进。这样一来，它就变成了属于你们的合约，而不是你们在市政厅签署的那个，后者由来已久，并且对于所有人都是一样的。每一对伴侣都不一样，有着特定的期待，并且期待会随着时间的推移而发生变化。

你可以通过这个练习看出提问的力量。用三个问题，你便有能力让一段关系变得和谐。这个练习你可以在所有的双人关系如亲子、朋友、合作者……之间进行。

第三章

在关系中发挥善意

如果在谴责之前懂得理解，我们会让人际关系变得富有人情味。

——埃德加·莫兰

身处优势地位的人要对其他人承担一份责任

有一条基础原理能帮助你在生活的各个领域运用皮格马利翁的目光，那就是身处优势地位的人要对其他人承担一份责任。我们每个人都会在某个时刻拥有相对于其他人的优势。我有工作，而在我对面有人没有工作，我处在优势地位，要对这个人承担一份责任。从某种角度讲，这是一种道德责任，一份出于团结一致的连带责任。

你对他人的责任并不一定是非同寻常的，而你从来不该忘记风水轮流转。只要告诉自己，有时候作为父母、经理、配偶、朋友，你可能会相对于别人有优势，同样地，你也可能会需要别人的支持。比如在伴侣或朋友之间，当有一方比另一方在职场上更成功时，占据优势的那一方必须意识到自己的优势地位，并且不论怎样都要关心照顾另一方，无论是通过陪在对方身边，还是通过一份关注、一份支持。

皮格马利翁式的父母

弗朗索瓦丝·多尔托曾说："在每个孩子身上——我们太不了解他们了——都不自觉地诞生并发展出被当作（大）人的理想。因此他们期待着我们对他们表现出对待成年人的行为和尊重。他们是对的。"

做一个皮格马利翁式的父母，就是要在传递知识和好奇孩子能教给你什么之间找到合适的位置。

做一个皮格马利翁式的父母，就是要尊重和赞美你的每个孩子所拥有的特质和优势。如果你关心这些，就已经是个皮格马利翁式的父母了。

作为父母，你比其他任何人都更了解你的孩子

作为父母，在探索培养皮格马利翁目光的技术和方法之前，告诉自己，没有人能在你的位置上做得更好，哪怕是治疗师也不能。因为没有人处在你的位置上，没有人经历过你所经历的事情。你已经尽可能为你和你的孩子做到最好了。由此出发，在下文中你会发现很多在亲子之间培养皮格马利翁目光的方法，而我希望，你的孩子会给你带来启发。

在教育孩子时正念的重要性

简单了解一下人类大脑的普遍特点，特别是孩子的大脑如何工作，能够让你意识到，你和你的目光在孩子的成长中至关重要。

近十年来，神经科学领域、正念领域和积极心理学领域涌现出大量研究，它们对于探索孩子的自尊帮助很大。

现如今，核磁共振让我们能够看到人类大脑中具体发生了什么，我们知道了更多关于大脑的事情。对于大脑重塑神经回路的能力，科学家们有了一些发现。

1999年，西格尔论证了，经过将注意力完全集中于当下的训练——正念训练——的人，可以显著地改变大脑的生理结构，尤其是海马体、小脑扁桃体、额叶。这就意味着你确实可以训练自己的大脑和孩子的大脑，从而换一种方式来应对生活。

这些全新的发现表明，有必要换一种方式应对存在问题的情境：不要把注意力聚焦在问题上，而要更多地关注过去的成功经验。帮助你的孩子回忆并注意到那些采取行动的时刻、做出选择的时刻，即使在发生冲突的情况下依然保有同理心的时刻。

这会在很大程度上使他的学习变得更容易，因为他重拾了对自己学习能力的信心。你让他重新与他的知识、经验建立起联结。他并不是从零开始学习，他掌握着知识，自行学习了一些东西，在自己的人际交往中也已经获得了经验。所有这些你都要进行肯定和赞赏。你将获得更进一步的具体示例。

回忆是一整套活跃的神经元。神经科学和认知科学教授道格拉斯·菲尔德曾研究过，当你激活与成功回忆相关联的脑区，并说出激发能力的话语时，新的神经元会被激活，并会在触及原有的记忆时自动活跃起来。通过鼓励你的孩子回想起成功的记忆，你能够激发他的聪明才智，并让他充分发挥才能。你还会让孩子发现属于自己的思考和行动能力。

与儿童和青少年一起：激发能力对话法

玛丽-娜塔莉·博杜安［叙事疗法治疗师、《每个孩子身上的一千零一种能力》（*Mille et une compétences en chaque enfant*）的作者］尤其确信这一点。她深受叙事疗法的影响，设计出一套很棒的方法帮助孩子实现全面发展，这套方法被她称为"激发能力对话法"。

在教育中，我们通常见到的大多数帮助支持，尤其是来自父母的帮助，往往是自上而下的：成年人教给孩子在一些情况下应该做什么。激发能力对话法所做的则完全相反。对话从孩子的经验出发，依托于孩子在合作的过程中得到彻底检验的成功经验。这些对话会根据孩子独有的亲身经历进行调整，保持着对孩子的关心，探究至今为止他们有哪些事是顺利进行的，而不是聚焦于日常生活中的问题，像是没有写作业、比约定时间晚回家等等。

作为父母，你的第一反应可能是对孩子进行训斥、惩罚，或是就问题的各个方面进行轰炸式提问，比如："我跟你说过不要出去，万一你出了什么事……"然而，这样做会让他把注意力转移到后果或是他感受到的愤怒上。

使用激发能力对话法询问他为什么会那样做，他在那种情况下预料到了什么，能够战胜什么，你就能带领孩子真正参与到解决问题的过程中。比如一开始先问他：

- 你怎么看你所做的事情？
- 你想过自己可能遭遇的危险吗？
- 你会怎么做来避免危险？
- 你想过当我们不知道你在哪儿时会有什么感觉吗？
- 这次的经历让你学到了什么？
- 你下次会怎么做？

无论你的孩子年龄多大，你都可以对他投以皮格马利翁目光，用这样的对话帮助他揭示出自己那些不为人知的知识能力。

总而言之，拥有经验和应对突发事情的能力是不分年龄的。通过激发能力对话法，你的孩子会意识到自己应对挑战的经验是宝贵的财富。

迈克尔与激发能力对话法

"在傍晚之前，九岁的迈克尔和他的朋友在河边玩耍，此时他们的家长正在露营地收拾布置。直到某一刻，家长们才意识到孩子们走开了！很显然孩子们决定沿着河前进，但没有询问也没有告诉任何人。家长们认为这很危险，并为孩子们不在乎自己处境的行为感到恼火。在等了一个半小时之后，孩子们回来了，他们不知道自己引得父母担忧不已。"

这个故事是真实的，而迈克尔就是玛丽-娜塔莉·博杜安的儿子。玛丽-娜塔莉说她看到迈克尔和他的朋友回来时天已经开始变黑了，此时她更想教训他们，罗列出所有可能遭遇的危险。但她没有这样做，而是做了个深呼吸，和儿子一起进行了这场著名的激发能力的对话，对话大致是这样的——

玛丽-娜塔莉：迈克尔，对于像这样带着朋友离开的做法，你有什么想法？

迈克尔：这不是个好主意。

玛丽-娜塔莉：是什么让你觉得这不是个好主意呢？

迈克尔：嗯，我们没有跟任何人说我们要去哪里，我们真的没想走那么远，但是确实走得太远了。我们只是想找一些螯虾。我们先是沿着河向下走，然后因为水实在太深了，我们决定中途返回，这比较保险，我们朝另一个方向走，那里的水只到膝盖。于是我们返回，并向上走了一点。但是当我们试着去抓鱼的时候，鱼逃跑了，把我们带到了更远的地方。

玛丽-娜塔莉：最后你们是怎么决定要回来的？

迈克尔：呃，我看到天不再像之前那么亮了，还感觉脚上很冷，而且我们离开了很长时间。我真的想要折返了。

玛丽-娜塔莉：你的朋友朗斯也这么觉得吗？

迈克尔：是的，他想要从森林里的一条路回来。我们做了讨论。我怕会迷路。我想要从我们走过的路原路返回，因为我确定它能让我们回到露营地。

玛丽-娜塔莉：所以你想过走另一条路可能会迷路。你们有特别想到什么吗？

迈克尔：我们想到天很晚了。实际上我们没有很多时间来尝试不同的路。然后想到如果在森林里迷路了，我们既没有水也没有食物，还会有郊狼和熊……你们会不知道去哪里找我们。这真的很吓人。我很庆幸坚持原路返回。

玛丽-娜塔莉：迷路是很吓人的。所以你们能够想到时间很晚、危险的动物，想到没有可以吃的东西，还有我们可能无法找到你们？

迈克尔：是的。我还想到待在一起更安全，我说服他跟我待在一起。

玛丽-娜塔莉：所以你还想到了待在一起很重要？

迈克尔：是的。这样的话如果发生了什么事，我们可以互相帮助。

玛丽-娜塔莉：你想到了很多事情！但你是否也知道我们很担心呢？下次你愿意换一种方式去河流探险吗？

一个陷入困境的孩子常常遭受批评的目光

当一个孩子在学校里或是个人生活中遇到困难，当他对自己缺乏信心时，通常是因为缺乏安全感，无论是在家里、学校里，还是和朋友们在一起。他在说想说的话、学习、做想做的事时感觉不到安全。我说的"安全"是指他看待自己的方式，或是别人看待他的方式。他害怕被评判、嘲笑，还有那些针对自己的负面看法。

因此作为家长，重要的是通过投给孩子的目光创造一种安全的氛围。用一种更容易激发他能力的目光，就像我们刚刚在前文中看到的那样，而不是用审视的目光。让你的孩子发展出自己的皮格马利翁目光也很重要，越早越好。皮格马利翁的目光是一种宽容的、不带评判的、接纳各种不同的目光。

如果你的孩子以你为榜样，学到了这种皮格马利翁的目光，他就能把它用在自己、兄弟姐妹和同学身上。通常，对于让我们感觉好的事情，我们会不自觉地进行重复。

在与青春期孩子的关系中运用皮格马利翁的目光，帮助树立权威

青春期对于父母而言通常是个艰难的时刻，他们发现自己的教育方式或价值观受到孩子的猛烈攻击。因为要想自立，青少年需要首先推翻或是抛弃家庭范围的规则。争论让他们得以存在。此时父母和孩子的关系会很紧张。

辅导青少年和青少年家长的经历让我了解到，家长的困难往往在权威的层面上。做一个温柔亲切的家长，能帮助孩子安心放松地成长，但也需要将爱和权威巧妙地结合起来。

权威并不是告诉孩子"你今天晚上不能外出"，而是告诉他"你不能外出"并且被听进去。当我们说某个人没有权威，通常情况是因为这个人不能让人尊重、服从，也就是他不懂如何获取尊重、服从。因而我们不能说权威是我们所拥有的，或是别人给我们的。

作为父母，从法律的角度，你对你的孩子是有权威

的。如果你不能让你的孩子做某件事，或许是因为你不知道怎么让他去做。这或许是因为缺少技能，而不是缺少权威。

因而在某种意义上，这不是传统意义上的权威问题，而是"我该如何跟我的孩子沟通，让他做我希望他做的事情，做我认为对他有好处的事情"的问题。

这涉及两个概念：意图和示范性。

向你的小孩或青春期的孩子表达你的正向意图

让孩子感受到你对他的正向意图是很重要的。如果你心口不一，也就是如果你对孩子说"你做的蠢事到此为止。这不行。你让我跟学校有了麻烦"，他会听出让你感到不舒服的是学校，你让他别再这样做是为了跟学校讲和。而他应该听到的是，为了他的利益，他不能再继续这样做。

第一件事就是真正传达你对他的正向意图，也就是清楚地交代你希望他不要做这个或那个的原因。你需要给出你的意图，否则孩子会用其他方式进行解读：比如家长软弱，害怕学校。关注这句权威的话语从何而来，它来自对孩子的真切关心，而不是对学校的恐惧。在这一点上，经常出现误会。

而且，如果别人期待的行为是在我们没有理解或者无法得知意图、意义的情况下，命令、强迫我们去做的，我们就会失去动力。如果我们意识到这个行为对我们有益，就会有动力。我们不只是在回应别人想要强加给我们的权威——在这种权威所属的系统中，我们没有丝毫希望。

示范性

第二个概念是示范性，如果你一边主张遵守学校的规则，一边自己跟这些规则产生矛盾，就没什么意义了。这就好比你自己抽烟，却跟你的孩子说抽烟很不好……

皮格马利翁目光中的家长权威

家长权威要想发挥作用，得有左膀右臂，它们就是爱和规则。要成功地把爱和规则两手抓，因为在某种权威的形态中，爱被隐藏起来了，孩子无法感知到背后的爱。

修复爱的关系

通常，青少年是叛逆的；他们把自己封闭起来，成了叛逆的囚徒。最开始这种叛逆行为的原因可能是多种多样的，像是为了在兄弟姐妹中变得显眼，吸引别人关注，或是对过于严厉的教育模式感到愤怒。这种叛逆行为成了他唯一的表达方式。就像很多人，比如外国雇佣兵，一直为他们不再相信的事业而战斗。但是如果他们停下来，便再也不知道还能做什么了。

这些青春期的孩子有点类似，他们被叛逆的行为套牢了，这是他们为了生存所找到的唯一办法。

有时因为收到来自学校的信函（无故旷课、没交作业等），你会对孩子的行为感到很烦，可能在那样的时刻，你无法对他说你爱他。或许你让积聚的怒火压住了下面的爱意，只剩下责备。在更糟的情况下，你的孩子会想象你在这样想："如果你可以消失，我的生活会更平静。"

家长要想让孩子接受自己的权威，必须通过修复爱的关系——如果它存在的话。要一直告诉孩子，你对他怀有正向的意图。

在孩子的志愿选择上运用皮格马利翁的目光，就是指导计划方案，而不打碎梦想

选择志愿的问题让人很焦虑，对于孩子如此，对于家长也一样。

越来越多的家长把自己的孩子托付给志愿选择方面的专业辅导人士，因为他们感觉自己没有能力或是不够专业，无法在这个问题上帮助孩子。

实际上，我认为父母仍然是在这个问题上帮助孩子的最佳人选，因为你们最了解他。你们知道他喜欢什么，不喜欢什么，为什么他很好……特别是父母希望让孩子得到最好的东西。

在孩子的志愿选择上运用皮格马利翁的目光，就是

不要替他做选择。通常父母会把自己的梦想投射在孩子身上。或者无意识地，孩子感觉自己被迫遵循家族传统，成为医生或从事其他职业。为了确保没有任何预设，你可以试着想象把孩子交给一个中立的外人，实际上你自己完全有能力采取中立的目光。

下面你会看到一些用来谈论孩子志愿选择方案的练习。你可以在很早的时候，从初中起就开始进行这种对话，这样就可以为高中结束时的选择做好准备。

练习：对孩子的人生做出丰富而有力的描述

如果你的孩子对学习或职业有一个梦想，试着从下面的角度进行探索：

● 这个计划的具体哪一点让你喜欢？

● 你对这个计划有哪些了解？

● 这个计划（梦想）显示出怎样的你，以及对你而言重要的是什么？

● 这个计划是怎么出现在你生活中的？

● 你觉得自己会具体做哪些关于这个计划的事情？

给他时间来讲述，让他能够自由地表达自己最出人意料的能力，并且由此构建起自己的个性性格。这种身份认同的情感会成为人生选择的基石，这些人生选择可能——但并不必然——包括职业方向的选择。

关键在于为孩子的人生做出一个丰富而有力的描述。

练习：发现孩子的生活原动力

找一个他喜欢的活动，由此开始进行探索，去发现他的生活原动力。

第一步

让他给你讲一讲他喜欢的一项活动，由此开启这类对话。

第二步

让他讲讲，这项活动让他发挥了哪项能力。

第三步

让他回忆一下使用这项能力的一次成功经历。

目标

通过这类提问显现出来的生活原动力，往往在你孩子的生活中有一段故事，并且会在他做的所有事情中体现出来。

示例

一个孩子曾跟我说他喜欢烹饪。他所选择的与此相关的能力是他能混合不同原材料创造出菜肴，只需要三次就可以做出一道好菜。他不仅给我举了很多自己利用这项厨艺才能获得成功的例子，还讲了其他领域的成功案例，比如拼装修补。

他所珍视的地方在于自己拥有很多点子，富有创造性，聪明机灵，不会浪费，让物品得到重复利用。他是从祖父那里学来的。他喜欢跟祖父在一起，祖父很喜欢修修补补，什么也不会扔掉。

相比通过简历自我介绍，当一个人用这种方式讲述自己的时候，我们对他的了解会更多。

练习：帮助孩子设想未来

帮你的孩子设想未来。

职场对青春期的孩子而言还有点遥远，而且他们经常对自己缺乏信心，因此很难进行职业规划。

为了帮助孩子，你可以向他提议通过一些超现实的问题，来做个时空旅行游戏。因为如今不可能的事情，在二十年后或许就成为可能了。

为了让游戏能进行下去，让你的孩子获得更好的体验，请花时间演练，让问题充满戏剧化的色彩。这个练习可以个人单独做，也可以小组进行。

◉ 想象我们是在二十年后，也就是2042年！想象一下你选择了什么职业。

◉ 你的脑海里有了这个职业，告诉自己你的职业生涯非常成功。你是这个领域里最优秀的人之一。你赚了很多钱，并且在工作领域内非常出名。

◉ 你受到一个名为《非凡成就》的电视节目的邀请。这个电视节目关注那些成功人士。一位记者会来采访你，就你的成功经历问几个问题。

◉ 你准备好了吗？那么现在，你在演播室里了。这里有记者、聚光灯和两台对着你的摄像机。开始，你正在进行直播！

◈ 你好，感谢你愿意来到我们《非凡成就》节目的演播室。

◈ 你可以跟电视机前的观众朋友们说一下你从事的是什么职业吗？

◈ 你是怎么成为这个职业中的佼佼者的？

◈ 你在人生中遇到过困难或考验吗？大家都想知道你是怎么继续相信自己的命运，而没有被困难打倒的？

◈ 是什么让你坚持下去的？

◈ 有哪些障碍是你必须克服的？

◈ 有没有具体的例子？

◈ 是什么帮助你成功脱离困境？

◈ 谁是你可以信赖的人？

◈ 有哪些品质、能力是你发展出来，并且曾经帮助过你的？

◈ 你从自己成功的经历中得出了什么样的经验教训，你想要给听你说话的年轻人说些什么？

通过这场时间旅行，你让孩子做了一次逆向推演。

这个小游戏会让青少年产生很多关于职业的想法：需要做什么来达到目标，以及可能要克服的困难。这将再度让他们成为掌握知识的人。

从某种意义上说，这个游戏让他们穿越到可能实现梦想的时间点。

在做完这一步之后，你可以回到当下，汇总他们的想法。

皮格马利翁式的经理

为每个人的差异和潜力赋予更多价值

有一大堆各不相同的管理风格。有些让人成长，而另一些则让人疑惑，甚至让人痛苦。后者是审视人的模式，总是进行比较，永远更关注成绩结果，而毫不关心实现它的办法。前一种正相反，是以人为本的模式，它使人增值，尊重差异，是团队的能量源泉，因而你的合作者们会更加有动力，更想提出建议，并且更加自主。

和团队共事让他们展现出更好的自己，这是经理的理想，也是他的挑战。

对于好经理所拥有品质的研究

在所有的研究和调查中，对于"在你看来什么是好的经理？"这个问题，最常见的三种回答依次是：示范性、公平性和勇气。如果一位经理没能展现出这三种品质，他便在他的团队面前失去了信誉。

示范性，因为你至少需要体现出你所主张的事情。你不能自己迟到，却要求你的团队准时。

公平性，因为你的合作者们希望感觉自己得到公平的对待，无论是在工作量方面，还是在酬劳方面。

勇气，因为你的合作者们需要感受到你用尽一切办法为他们争取权益，感受到他们的权益得到维护。

经理看到合作者的成功很重要

管理学中的皮格马利翁效应是指"经理看人的目光产生的影响"，《领导的目光》[1]一书的作者维克图瓦·德热这样解释。这是一种自我实现预言，如果它是正向的，就会让得到鼓励的人走向成功，如果是负向的，就会让受到批评的人深陷失败。

如果你认为合作者无法取得进步并且表现了出来，比如对他说："我不得不一直在你身后提供帮助。"你所采取的态度反映出你的想法："我认为你无法独自完成一件事。"通过这样的态度，你可能会让你的合作者几乎不能成功或完全无法进步，他的表现可能会证实你的看法。

错误：贬低形象和进行比较

发挥皮格马利翁的目光，就是能够把别人看作独特的个体，也就是接受差异。不要总是想着把人格式化，进行比较。你更应该去激发与众不同之人的附加价值。

---

[1] Victoire Dégez, *Regards de leaders. Mieux communiquer en situation d'autorité*, Pierre Téqui éditeur, Paris, 2018. ——原注

否则，那个人可能永远感觉自己无法达到要求，因为他与标准不符。在企业里如此，在家庭、朋友圈子里也是如此。

一家法国大型企业曾请我辅导一位经理，希望他在领导力方面取得进步。当我跟他面对面接触时，发现他对自己的处境满是疑问。他看起来很气恼，告诉我他觉得自己不是个好经理。他对我说，他的领导认为他很难做决定，缺乏决断力和威信。他告诉我，他被描述成了一个缺乏勇气、犹豫不决，而且没有威望的人。这种情况很典型，我称之为感到自己作为经理的身份"受到贬损"。他的领导反馈给他的信息显然并不能让他成长，因为这让他将自己跟这个公司里盛行的经理管理风格进行比较，而这种风格并不适合所有人。

做经理是学来的

影响那些有才华的人，让他们为共同的目标效力，这似乎更像是艺术而不是科学。因而，人们倾向于在这个问题上回避深入的思考：有些人就是拥有"号召力"或"领导力"，而另一些人没有。但无论如何，所有机构的专业人士都证实，企业管理是可以学习的，或者说管理能力可以得到提高。

即使当你不在状态或是不自在的时候，也要观察蛛丝马迹

发挥皮格马利翁的目光，当你面对孩子、合作者、配偶或其他人，感到不自在或尴尬的时候，要花时间在心里问自己："有什么是我没看见的吗？"要全身心投入，专注于观察被我在实践中称为"蛛丝马迹"的东西，它们会开启通向其他故事的大门，展现出这个人的能力、才华和他拥有的生活上的经验。还有就是，不要停留在不自在或尴尬的不适状态之中。

就像我在前文中提到的，你始终可以选择如何跟一个人打交道：要么迎战你看到并让你不舒服的事情，要么花时间问自己："还有别的什么是我没看到的？"

心理教练的回忆

有一天，我带的一个学员在辅导课前最后一刻取消了我们的会面。

这让我感到有些愤怒，因为我白来了办公室，我为此花费了时间。我还告诉自己，她之所以取消会面，是因为不满意我们一起做的事情。

如果停留在这个版本的故事叙述中，我会感到非常不舒服。

我决定换一条路。我重新读了她的邮件，她在邮件里跟我说她很抱歉，她在最后一刻有个急事，并向我提出了一个替代的日期。

就这样，我重新审视了事情的情况，发现了另一个版本的故事，而一开始我因为愤怒没能看到它。

辅导中的错误：只在事情不对的时候做出反应

发挥皮格马利翁的目光，还要在生活、工作中花时间发现所有的进展、进步，并为成功庆祝。

在家里，你时常会在孩子没做的事情上花更多时间："你做作业了吗？收拾屋子了吗？"你经常提出这种问题，却知道他没有做，并且需要去做。然而去观察你的孩子做了什么，而且是他之前没做过的事情，这更重要。

同样地，在职场中，当你的合作者们完成了某件事，或他们取得了进步，你必须让他们知道。不要认为把事情做好是很自然的，相反，要更加看重所有的能力，要告诉别人哪些是起作用的。

经理或父母的错误在于，只在事情不对的时候才做出反应。

比如，在我职业生涯刚开始的时候，我的一位经理从来不跟我谈论我的工作方法，所以我不知道自己做的好还是不好。我刚开始担任这项职务，很需要得到认可。有一天，我问他为什么从来不跟我说我做的事情是否令他满意。他回答："如果有一天你做得不好，你就不会在这儿了。"这让我感到震惊，这句话并不能帮助我成长。

要学着定期给你的合作者们反馈，这是为了让他们取得进步。当你做出反馈时，为了让人听进去并且对那个人有所激励，永远要先说你看到的积极的地方，然后再说哪里做得不好。

在所有领域都要做同样的事。对你的孩子、配偶、朋友……如果你不能先说一些好的地方，就不要责备。

依靠皮格马利翁的目光战胜问题

面对疑惑重重或身处困境的人，要听取言外之意

面对身处困境的人，运用皮格马利翁的目光，在于你能够听到他说的和他没有直接说的话。也就是听到问题出在哪里，并且听到另一个故事的蛛丝马迹，那个故事讲的是关于能力的问题。对此，你需要学习听取言外之意，在这个人的讲述中听到所有跟问题过程没有紧密联系的东西。

因为要想构建另一个故事，更有激励作用的故事，需

要有素材。你要能够听出这些素材传递的信息。这要求超乎寻常的专注。

如果你的孩子或合作者对你说："我受够了，我什么都做不好，但是我在努力。"你可以听到"我受够了，我什么都做不好"，也可以听到"我在努力"。

在努力那里，你可以带着他换一条思路。与其问他有什么困难，不如问他：

- 你做了什么样的努力？

- 你可以给我讲一段故事来展示你为了战胜困难而做出的努力吗？

- 你所准备的事情展现出你怎样的品质？

- 你是怎么想到要这样做的呢？

- 你是从谁那里得来的想法？你身边有谁对你这样做丝毫不感到惊讶？

- 你把自己做的这种努力叫什么呢？

他可能会回答："重整旗鼓的能力。"重整旗鼓的能力便成了他的新故事，这个故事会跟那个给他造成麻烦的故事抗争。当你重新说回他的困难处境时，他的感觉就不那么无助了。

请你在家庭、工作和朋友间培养听取言外之意的能力。在可行的情况下进行尝试，观察它带来的效果，然后你才会决定把它变成一条生活原动力准则。

同一个故事可以有多种含义

你也可以下决心用皮格马利翁的目光看待自己，尤其是为了避免自己被困在艰难的处境中。告诉自己同一个故事可以有多种含义，而你经历的所有故事都是有益的，这会对你有所帮助。

如果你没有工作，你就成了失业者，"我是失业者"成了你的主要故事。你的形象很卑微，自信心受挫。在这种情况下是很难重拾动力的。

要摆脱这个占据主导地位并带有局限性的叙事，一方面是重新唤起自己的多重叙事。失业是你的一个故事，而你可能还是家庭里的父亲、社团的成员、某个人的兄弟，拥有能力、才华，等等。

另一方面，为你的失业故事赋予另一重含义，告诉自己每一份经历就像是你走访的一个地方。当你走访一个地方，通常都会带回一些纪念品。在经历过一些事情（即使是痛苦的事情）之后，你会变得更加强大。

那么问问自己，走访这个地方究竟给你带来了哪些改变？

◉ 为了摆脱这种境遇，你已经做了哪些事？你所处的境遇让你显示出了哪些意想不到的能力？

● 你的境遇让你对自己有了哪些了解？你在职业上想要什么，不想要什么？你想为你的职业生涯赋予怎样的意义？

● 你在未来做事时会做出哪些改变？

● 是谁帮助你坚持下去？

● 你可以依靠谁？

这些问题会为你的故事带去另一种意义和另一重色彩，而这能帮你找到前进的冲劲和力量。

这个想法不仅对你有好处，还对工作和生活在你身边的人有好处。你可以邀请他们，像你刚才为自己做的那样，重新讲述他们带有局限性的故事。

让你走出失败的世界

我再补充一下上文所讲的内容。当你被困在一种叙事——比如失败的故事——之中，这个失败的故事会赶走你的一部分生活。那是一个更为丰富多彩的故事，但是在这种情况下，那个故事消失了，你再也无法接触到它。

要想走出失败境地，你需要跟失败故事之外的其他人生故事重新建立联结。你之所以感觉自己很失败，是因为在人生中你必定经历过成功，否则你甚至不知道成功是存在的。

当你跟很多成功的人生故事重新建立联结，你会逐渐回到生活中，凝神聚气，变得活力四射……

尊重和赞美自己的全部，想一想你当时怎么克服故事中的挑战。关注那些关于你的能力、意愿和希望的故事。

实际上，我们一直在应对我们所经历的事情，否则我们就被打倒了。而这些应对之举，是由我们对生活拥有的能力和知识组成的。

请回答下面的问题，让它们展现出来吧：

- 是什么帮助了你？

- 你是怎么做到的？

- 你借助了哪些品质、能力？

- 为了得到成功，你做了哪些准备？

- 你在什么东西或什么人那里找到了精神力量？

- 谁为你指过路？谁支持过你？

- 谁是你的榜样？

- 你过去应对过什么其他挑战？

- 这显示出怎样的你，显示出你应对挑战的什么能力？

重新汲取能量后，你便能够进行思考，回头看自己面对的失败经历，想出办法脱离困境。因为你不是凭空蹦出来的，你拥有经验和能力。你会感觉自己再次全副武装来迎接挑战。不要从失败来思考失败，要从成功来思考失败。

心理教练的回忆：卢卡

卢卡来见我时说："我有个问题，我太心不在焉了。"他告诉我他把自己的东西忘在火车上，他总是丢钥匙、丢证件……

卢卡给我讲了很多例子，说明这个被他称为"西部问题"的问题在他的生活中怎样呈现出来，以及他如何感觉自己是个不太可靠、不负责任、有点笨的人。他很为此烦恼，因为他很想成为一个值得信赖、认真负责，并且聪明的人。

我向他提出一些问题，让他跟其他的故事重新建立起联结。他在那些故事中表现得可靠且认真（他照看过孩子，当过班长，等等）。

这些新的故事反驳了带有问题的故事。虽然那个故事依然存在，但是不再占据绝对地位，成了很多故事中的一个。卢卡不再被封闭在一个故事之中。他获得了信心，并且能够更加从容地设想自己的未来。

依靠皮格马利翁的目光找到你的计划

在追寻计划时运用目标圆圈法

有时候很难用皮格马利翁的目光看待那些不知道自己想要什么或是无法表达自己不想要什么的人。如果你正在寻找一个就业方向或进行一种人生规划，并且还不知道自己想要什么，那么这段话应该会让你感兴趣。

在这种情况下，使用皮格马利翁的目光就是用一种间接的手段，帮助一个人表达出他为了自己的人生想要什么。为此，我会使用一种名叫目标圆圈的练习。当你渴望或需要改变（更换工作或职业或改变生活），但是并不清楚自己想要什么的时候，这个练习能完美地帮到你。

首先我请你在一张很大的纸上画一个圆圈，并在圆圈周围写下所有你在未来的规划中不想要的东西。比如你会写"我不想要频繁出差的工作"，等等。

实际上，尽管你对自己想要什么没有清晰的想法，但是你一定知道自己不想要什么。

当你写完所有的"我不想要"，从每个"我不想要"向圆圈内部画一个箭头，并找出与之相对应的"我想要"。基本原理是，在每个"我不想要"背后，我们都将感知到一个"我想要"。用几分钟的时间，你会从一个什么都不想要的人，变成一个想要很多东西的人，完全脱胎换骨。

这个练习对于处在转型过渡期的成年人非常有效，它也能帮助正在寻找方向的青春期孩子。

对于后面这种情况，向你的孩子提议做这个练习，让他在圆圈周围标注出所有类型的"我不想要"。你会看到"我不想要太长的学业""我不想要在办公室坐一整天的工作"……接下来你们可以思考相对应的"我想要"，这便为他描绘自己的规划打下一个很好的基础。

运用目标圆圈法摆脱抱怨

当你对一种情况感到不满并且想办法摆脱它时，目标圆圈法也很有效。你也可以把他推荐给亲友或同事，让他们摆脱抱怨。

在纸上画一个很大的圆圈。在圆圈四周写下所有你不想要的东西，比如"我不想别人在背后谈论我""我不想一直做同样的事情"，等等。

当你写完所有你不想要的东西，找到每个"我不想要"，用另一种颜色画一个指向圆圈内部的箭头。为每个"我不想要"找到相对应的"我想要"。

你会在圆圈内部看到很多"我想要"。接下来你可以思考怎样实现所有的"我想要"。

当你推荐他人做这个练习时，让他完成这些步骤，并请他做出更加清晰的表述。比如："你说你不想要人们说你坏话，你想要的是什么呢？对你来说，什么是坏话？如果我没理解错的话，你想要尊重，想要坦诚，是这样吗？"

依靠皮格马利翁的目光应对和战胜冲突

拥有皮格马利翁的目光，就是能够看到别人不一定展现出来的地方，看到不在场却隐含着的东西。这个想法会帮你进一步发展皮格马利翁的目光，因为它让你带着同理心看待每一个人，无论他是谁。

因而皮格马利翁的目光是个极好的理念，它让两个人带着相互联结而非相互分离的滤镜看待彼此。

事实上，你的行为从来都不是出于巧合。当你发出埋怨，感到恼火或愤怒时，你总是有理由的，或者那只是你在那种情况下保持体面的一种方式。比如一个在班级里学习不好的孩子，没办法通过努力学习得到肯定，他会通过另一种方式让自己脱颖而出。他会做蠢事，惹人注意——贬义的那种。这并不一定是好的方式，但是这让他以另一种方式保持体面，并且生活下去。所有人都是这样的。

面对一个让你恼火的人，你可以选择对自己说"他真是个蠢货"并且/或者和他断绝关系，你也可以选择问自己："我们之间怎么了，是谁引起了问题？他的不快否定了什么？"这意味着去寻找不在场但隐含着的东西，也就是和你对话的人没有明确表达的东西。一个人感到恼火，常常是因为他所看重的价值标准在他所处的情境中受到了嘲弄。

换一种方式看待让你生气的人，其中一种办法是把他没有直接说的话对他说出来。

例如，当你的一个合作者抱怨"跟同一个部门的某些人相比，自己的工作太多了"，你可以回应他："我听到的是，公平对你而言是个很重要的价值标准。是这样吗？"于是你的合作者会感到自己得到了理解，他的价值观、对他有意义但没能实现的事情得到了认可。你看到的不再是一个牢骚鬼，而是一个人，对他而言公平是个宝贵的价值标准。因此，你不会再想要和他断绝关系，而是会渴望帮助他发现这种价值如何得到实现。

呼唤合作精神和团结一致

独立自主的定义本身就包括在有需要的时候懂得求助，也就是说，我们需要别人的帮助时不要犹豫。问题会把人孤立起来，而和其他人建立起联系可以让问题得到解决。因而建立支持社群，把社群中的人召集起来，支持他们的潜在能力是很重要的。

我特别喜欢利用团结一致的想法帮助人们。

当父母把他们的孩子交给我，比方说孩子因为厌学，几个月没有上学，对于父母而言，问题就是那个孩子。用团结互助的皮格马利翁目光看待这个情况，则要接纳整个家庭，不仅仅是孩子。要请孩子给这个阻止他去上学的事情起个名字，他把它叫"焦虑危机"。

然后我们会让整个家庭都参与进来，这样便不只是孩子在和自己的故事战斗，而是一家人团结起来，一起思考每个人可以怎样做，来让"焦虑危机"远离他们的生活。因为这件事情不只对孩子有影响，也对这个家庭产生了影响，孩子就会感觉自己没那么孤单了。

我前面提到过的人生俱乐部，可以帮助我们找到在需要时能够依靠的人们。

下面的例子很好地说明了，问题敌不过一群团结一致的人。

心理教练的回忆：老师和家长

在巴黎市郊一个多事街区有所高中，这里的老师请家长时没有一位家长会来。

不是因为家长觉得跟自己没有关系，他们只是听够了别人说他们是糟糕的家长。当然，老师们不会直白地跟他们说，但是当老师请他们过去，就只会跟他们说他们的孩子这不好那不好。他们感觉自己作为家长的身份受到了"贬损"。他们唯一能够保持尊严的办法，就是在被请家长时不去。

当我问学校管理人员，为什么想要家长前来时，他们回答："我们和孩子们陷入了僵局，我们需要他们，才能帮助孩子们。"

我给他们提出建议："那为什么不和他们说，你们需要他们呢？"所有家庭都收到了一封信，其中写道："请您来帮我们帮助您的孩子。我们需要您。"

家长们来了。他们会来是因为老师跟他们说他们是有用的，如果没有他们，老师便无法完成这件事情。这种说法让他们更有尊严。

老师和家长团结起来，齐心协力面对共同的希望：帮助孩子。

调解二人冲突：旁观者姿态法

皮格马利翁的目光可以帮助修复两方之间的关系。所有领域都可以：夫妻之间，亲子之间，同事之间，朋友之间，或一个人和其他人之间。

通常，引起两人关系紧张的原因在于，双方不在同一个故事里。他们对于某种情况各自讲着不一样的故事。每个人都把另一个人看作问题。

因而挑战在于，让每个人听到另一个人的故事，了解和理解另一个人所经历的事情——这些事情往往和他们一开始想象的很不一样。

要做到这些，有一个很明确的规程，始终需要一个第三方人士作为调解人提出问题。如果你没有被牵涉到冲突中，你可以做调解人。如果你是冲突当事人，你需要找一个调解人——可以是一位亲友。

目的很明确，是修复关系。你需要事先跟两位当事人提出来，如果他们都准备好了的话。一旦他们接受调解，过程一定要公开透明，确切地告诉他们会做些什么："我会轮流询问你们每个人。在一个人说话的时候，另一个人是旁观者。他会以一种不同的方式倾听：不做反应，不试图纠正或自我辩解，就好像这是他第一次听到他将要听到的内容一样，就是要接受另一个人说的话。然后，我们交换身份再来一次。"

轮流体验旁观者的姿态，不要忘了，当一个人说话时，另一个人听着。这需要设计出一些问题，让倾听的人对问题的答案产生兴趣。从某种程度上说，当我对一个人说话时，我陪伴着另一个人。这很特别，足以让每个人换一种不同的眼光看待对方，每个人都能说出自己要说的话，花时间倾听并相互接受对于彼此和两人共同价值以及能力的看法，能够让双方的期待显露出来，消除所有的误会。

第一步

最开始的问题永远是那些能够展现出倾听者善意、价值和品质的问题。基本原理在于，如果两个人同意来到这里，是因为他们对彼此的关系还怀有一份希望。它是一个坚实的基础，因为在谈及他们的问题之前，依靠的就是希望。

提问A：

● B同意跟你一起进行这场有些特别的谈话，你对此是否感到惊讶？

● 如果你并不惊讶，是因为你了解B的什么事情呢？这说明他对你们的关系抱有怎样的希望？

● 如果你感到惊讶，那么当B最后同意时，你觉得他这人怎样？这说明他对你们的关系抱有怎样的希望？

● 这显示出他有着怎样的品质、价值？

● 你可以给我举一些例子来说明这些品质和价值吗？

第二步

第一步打下的基础让B更容易接受现在这一步的"问题"。

提问A：

◉ 你可以给我讲一讲你和B的关系模式吗？

◉ 如果可以换一种模式，你希望看到他在你们的相处模式中做出什么改变？

◉ 如果实现这些改变，会为你们带来怎样的变化？

第三步

首先，听取B对于A刚刚所说事情的反应。

◉ 你对于刚刚听到的全部内容有什么反应？

◉ 你听到的哪些内容对你而言是全新且重要的？

◉ 你从A刚刚所说的话中得知了什么？

接着反过来，把完全相同的问题再问一遍。

心理教练的回忆：安妮和保罗

保罗是部门的主管，在安妮做他的助手之前，他一个人管理了团队十二年。尽管他有了一个助手，但是他们合作得并不顺利。比如，他会直接找团队的工作人员谈话，但安妮才是他们的直属上级。这让安妮很难在团队中得到认可。

最初的预想是我只对安妮进行辅导，但因为是要让他们彼此更好地合作，我们商定来尝试一下旁观者姿态法。安妮询问保罗是否同意跟我一起做一场调解咨询。保罗同意了。

安妮先开始，然后轮到保罗。

在第一步一切都发挥了作用。当我问安妮是否对保罗接受这场调解感到惊讶时，她回答说不惊讶，因为保罗是个开放的人，怀有好奇心，愿意为了团队的利益尝试新的方法。

保罗在听到这些之后，接下来就更能听进去需要改进的地方，并且进行反思。

我们本来计划进行五场调解，结果只用一场就达成了目标。

调解二人冲突：角色互换法

运用皮格马利翁的目光，就是去发现对方想要让我们看待他的方式，也就是从在他看来很重要的角度看待他。

就像我们刚刚在上一节里看到的，有很多种方式来运用旁观者姿态法进行调解，要找到最适合当事人的方式。

还有一种方式是将自己彻底摆在对方的位置上，扮演对方。通过代入对方的角色来向他靠近。预备条件和上一个练习是一样的。需要双方同意，由第三方人士来主持谈话，还需要明确告知谈话流程，并在怀有希望的坚实基础上进行调解。

我在下面详细介绍的这套规程可以用在你生活中的各个领域：家庭中、职场上、朋友之间——任何两个遭遇困难的人身上。

因而你可以邀请两个发生冲突或彼此不和的人，让他们互换角色来实现相互理解。他们可以是你的两个孩子、两个朋友、两个难以共事的同事……

关键是要让双方在对方面前回答你的问题，但是每个人在回答时要假装自己是对方。换句话说，A进入B的角色，并且回答时需要假装是B在回答你的问题，而真正的B就在现场。然后，你们调换过来：B回答你的问题时假装自己是A。倾听的一方当好安静的旁观者，并在下一步时才能说出自己的感受。

和上一个练习一样，在这种练习中产生效果的地方在于，向一个人提问时要想着倾听的那个人。这就需要设计出能够引发倾听者兴趣的问题。至于接受提问的那个人，这个练习能让他换一种看问题和思考的方式，重新对情况进行阐释。

目的在于让A和B交换看待对方的目光和立场，去看到并尝试去理解对方的处境。对于倾听者来说，他可以在这个时候观察，对方是否理解什么对他很重要。

心理教练的回忆：洛朗斯夫人和阿列斯基

洛朗斯夫人是一个二年级班级的主要任课老师，她很无措：从年初开始，她的学生阿列斯基"毁了她的生活"。他总是在班级里捣乱，她觉得他蛮横无理。她要花时间把他从班里赶出去。他似乎特别怨恨她，因为他在其他老师面前没有这样的表现。她不知道该拿他怎么办才好。

洛朗斯夫人愿意尽一切努力改变这种现状，跟她的班级和阿列斯基重新建立舒适的关系，因此她同意尝试我向她推荐的角色互换法。阿列斯基则显然不那么兴奋，但他还是答应了。

我先定好框架，然后让他们选择谁先开始。阿列斯基可能仍对此感到迟疑，他指定洛朗斯夫人先开始。

对话大致是这样进行的。我提醒一下，阿列斯基的角色是由洛朗斯夫人扮演的。

蒂娜·舍雷尔：你能给我讲讲你和洛朗斯夫人的关系吗？

"阿列斯基"：洛朗斯夫人是个疯子，而且很差劲。你都不知道她会做什么事情。从年初起，她总是责怪我，而且大多数时候是无缘无故的。

蒂娜·舍雷尔：在你和洛朗斯夫人相处的过程中，你经历过哪些麻烦？能给我举几个例子吗？

"阿列斯基"：我一进班里，她就会看时间，判断我是否迟到了。一旦有人说话，她就会看向我。有一回，她批改了所有人的作业，但没改我的。那是不应该的。

蒂娜·舍雷尔：你做了些什么来试着解决跟洛朗斯夫人的问题，或是你有过怎样的想法？

"阿列斯基"：我觉得一开始我真的试过跟她解释不是我在说话，也想告诉她我感觉她这样对我讲话很不公平。但是我感觉她不……后来我就放弃了。没有用的。

蒂娜·舍雷尔：有哪些事情是对你而言很重要，但洛朗斯夫人也许看不到或理解不了的？

"阿列斯基"：我想受到公平对待。我在努力。在班里说话或是做蠢事的并不总是我。

蒂娜·舍雷尔：对你来说，这些重要的事情对应着哪种价值？

"阿列斯基"：我觉得是公平、尊重。

蒂娜·舍雷尔：如果她在这里，你有机会告诉她一些事，你会跟她说什么？

"阿列斯基"：如果你想得到我的尊重，请你尊重我。

从洛朗斯夫人回答最初几个问题开始，阿列斯基便对这项活动产生了兴趣。渐渐的，他的表情发生了变化。他微笑着，之后大笑起来，我甚至觉得他被感动了。他的第一反应是："我太震惊了。她太了解我了，就像是我肚子里的蛔虫。"

我得说洛朗斯夫人很好地理解了这种方法。阿列斯基感觉自己被承认了。当轮到他代入洛朗斯夫人的角色时，由于有了刚才的铺垫，他非常努力地参与这场游戏，去靠近他的老师。

这场调解活动让洛朗斯夫人和阿列斯基重新回到了和平的关系。洛朗斯夫人更关注阿列斯基，关注他的努力。而阿列斯基不再那么凭直觉反应做事。

调解人际关系冲突：给你的关系写封信[1]

另一种在两人之间（比如和你的伴侣、孩子、同事）进行调解的办法，是给两人之间引起问题的原因类型命名。实际上，你已经明白了，人不是问题，引起问题的原因存在于两人之间。通常问题在于两个人所保持的关系类型。

我会给你推荐一个小练习，你可以独自完成，或者如果条件允许的话，和那个在关系上与你产生问题的人一起完成。

首先，为这个让你们产生问题的关系取个名字，比如"权力关系""使人无法长大的关系"。

然后，给这个关系写一封信，就仿佛它真的是个人一样。下面有几条指示可以帮助你写这封信：

● 告诉它，当它在场的时候有哪些地方令你不快——举出确切的例子。

● 告诉它，当它在场的时候你观察到了什么。

● 告诉它，这让你产生了怎样的情绪，并且给你的生活带来了怎样的影响。

● 它在场时会妨碍你做什么事？

● 当它在场时你会有什么不同？

1　这种方法的灵感来源于芝加哥埃文斯顿家庭治疗中心主任吉尔·弗里德曼。——原注

◉ 它的存在怎样影响到你和其他人的关系?

◉ 告诉它,当它不在场时会怎样,或者如果它不在场将会怎样。

◉ 如果它不在场,那么你跟×(与你发生冲突的人)的关系会是什么样?

◉ 如果它不在场,你和×之间可能会发生什么?

◉ 如果它不再存在,那么会产生什么新的可能,为你带来怎样的希望?

◉ 这会让你想要做什么事?

如果你一个人做这个练习,只要写出这封信并阅读它,就能帮你更好地理解现状,理解发生了什么。这让你能够在自己和现状之间拉开距离,并由此让矛盾略有缓和,因为你将换一种更富同理心的目光,如果你愿意,这便会让你想出修复关系的办法。

你可以跟与你产生关系问题的人一起做这个练习。

向他提议做这个练习。每个人给你们和对方所处的关系取一个名字,名字可以不一样。各自写一封信,把信读给对方听。

这会形成一种亲切的场域,你们可以在一定的距离前相互诉说一些东西,通过信中所讲的故事向对方靠近。两个人都不会感觉受到攻击,因为你们说的不是对方,而是关系。

在练习结束时，每个人说出自己听到的对方所看重的东西，每人提出一到两个修复关系的办法。

稳住"攻击者"：通向责任之旅

面对某些人，运用皮格马利翁的目光并不总是那么容易。我们并不总是能选择跟谁一起生活，跟谁一起工作。人们无法始终持有相同的看法或价值观。有些人会特别令我们恼火，甚至令我们感到痛苦。

我们只是想看看，面对所想所做不被我们认同的人，皮格马利翁的目光能实现什么。在这种情况下，皮格马利翁的目光会让你运用批判性的目光，不囿于一种情况，对所发生的事情采取更宽泛的理解。请努力感知每位对话者身上人性的一面。这会让我们的日常生活更容易得到理解，也会变得更舒适。

我会在下文中提供一套规程，在遭遇暴力或不当行为时，你可以跟对方一起实践，这个人可以是你的亲人、配偶、孩子、朋友、同事……比如当你的一个孩子和你动手，或是骚扰另一个孩子的时候。这个规程可以让他停止这种行为，特别是能让他理解自己行为的影响，继而帮助他重新走上正确的道路。

这个规程叫作通向责任之旅。它会创建一个场域，让攻击者承认自己做的事情。

一个进行攻击的人很少会回顾审视自己的行为。这个规程的目的在于让攻击者不再否认自己的责任，从自己讲述的一些封闭性的说辞中跳脱出来，展开新的行动可能性。

事先要向他解释清楚，这是为了反思他所做的事情，思考如何补救。向他解释这个计划总体目标在于分析他是如何走到这一步的，让他理解自己造成的悲伤和痛苦，采取措施不再重蹈覆辙，找到办法弥补被伤害的人。

始终要考虑到受伤害的那个人。带领攻击者设身处地地想象受害者的处境，认清他的行为对受害者产生了怎样的后果和影响。

下面我会告诉你们一套在这个领域里全新的规程。我会把社会工作者、暴力和权力滥用专家罗布·哈尔传授给我的东西告诉你们。按部就班一步步来很重要。请你们根据自己的情况进行调整。

尊重那个决定关注自己暴力行为的人

尊重那个决定关注自己暴力行为的人非常重要。相比于他之前所做的事情，要尊重他正在做的事情（接受辅导）。有时这很困难，取决于那个人曾经做过什么。但是如果你不做出表率去尊重他，公平对待他，他该怎么努力呢？

共同建立一个安全框架

安全或许是最重要的事情。这包括那个决定处理自己暴力行为的人的安全，以及你作为辅导者的安全。当那个人讲述自己暴力行为的时候，要让他感觉自己很安全。暴力行为是问题所在，因此必须由那个实施暴力的人来谈起。处理了暴力行为，你们就可以去处理其他问题了，比如在家庭或学校里可能存在的问题……

安全感来自你们制订的框架。这个框架是你们一起决定的："你需要怎样才能感到自己很安全，能够说出要说的话，能够感觉很好？"这通常会涉及保护隐私、不做评判、尊重。

真诚地倾听

真诚地倾听。抛开任何成见，不要让你事先知道的关于攻击者的事情影响到你，这样才能给他机会向你展示其他侧面。与其采取评判的姿态，不如敞开胸怀保持好奇。

找出伦理观念目的

我们都是有目的性的，因此正常情况下我们做的所有事情都有目的。要能够听到攻击者暴力行为背后的伦理目的，要理解到伦理观念层面。相比于反对暴力行为，更应该找到它背后的伦理观念。皮格马利翁的目光能让你看到一个人暴力行为背后的正向目的。

一旦攻击者感觉自己在伦理目的上得到理解和认可，你便可以开始让他重新评估自己的行为，看看哪些与他的价值观相违背。

要能够让他批评自己的行为，让他自己评判自己。你可以从这个立场出发，开启这场通向责任之旅。

让他重新承担起羞耻感

直面羞耻。在暴力场景下，羞耻往往被看成坏事，常常都是那些受害者感到羞耻。然而，这份羞耻并不属于他们。如果这些攻击者不能背负起羞耻的重担，这趟旅程可能会没有作用。当人更深刻地意识到自己暴力行为的本质和影响时，羞耻是必然伴随着的一种失落感。因此，创造一个能够与羞耻正面对质的环境很重要。

如果一个人对自己所做的事情感到羞耻，并对此感觉不适，这是因为他并不为此而自豪。但相应地，这也是因为他对做什么事情能够感到自豪是有概念的。所以要去找那些我在实践中称作"不在场却隐含着"的东西——什么让他感到自豪，什么是对他而言很重要但他没能直接说出来的。

在这样的工作中，我们为羞耻赋予了一项用途。羞耻成了很好的指向标，让我们能够接近这个人渴望做到的事情，接近属于他的新可能。

　　当你劝说一个人谈论羞耻的时候，我建议你帮他做好心理准备。因为这并不容易，将触及一些让他不舒服的地方。

　　示例：

　　● 我们会谈论一些难受的事情。当你冲撞×的时候，你觉得这件事对你的意义何在？

　　● 如果你认为你做的事情不好，但自我感觉还好，这对你来说意味着什么？

　　● 作为一个人，自我感觉不好对你来说意味着什么？

　　● 谁应该感到羞耻？

　　● 如果你想请求原谅，却没有想过对×造成了怎样的痛苦，这对你来说意味着什么？

　　● 正面迎战和躲起来哪个能让你更强大？

　　● 怎样做更符合你想要成为的那个人？

　　● 承认这一点会让你有什么不一样？

　　● 在你看来这会让×有什么不一样？

　　● 你怎么确定承认羞耻会给你力量，而不是让你变得软弱？

　　● 你要怎么做才能让羞耻为你所用？

　　● 万一你没能直面羞耻，这会让我们怎样看待你和你的努力？

● 选择直面而不是逃跑，不让不安的重担压在×身上，对你来说意味着什么？

歉疚感

感到歉疚意味着，你开始和这个人一起思考他可以做些什么来弥补，他要承担责任，说明他对受害者感到了一份亏欠。

通常，这些人只想道歉，请求受害者的原谅。但这样做并不是带有歉疚感的道歉。因为请求原谅只满足了攻击者继续前进的需要，并没有满足受害者的需要。

在这套规程中，对受害者的歉疚，应当满足受害者的需要。要跟受害者合作。这是一份共有的歉疚，一个歉疚的同盟，是用来重建关系的一步。

在我试验这套规程的案例中，歉疚感的概念会在辅导的最后出现。攻击者们决定写一封信给被攻击的人。我们让被攻击的人读这些信，检验它们是否合格。有一半攻击者需要重写。受害者需要感觉到攻击者理解了自己的行为，并从中得到了教训。相互理解是至关重要的。

建立或重建集体的凝聚力

作为谈论皮格马利翁目光的结束篇章，我想向你分享两个快速而有效的方法品质之花[1]和生命之树[2]。你可以把它们用在生活中的各个领域：家庭、职场、朋友间。

在家庭中跟孩子们完成品质之花的练习，可以展现出每个家庭成员的独特品质，培养孩子的自信心，帮助他们找到自己的力量。跟孩子一起完成生命之树的练习，可以探索未来规划，或者培养自尊心。

首先，进行品质之花的练习，最好组织一群孩子来做，可以让很小的孩子接触到皮格马利翁的目光。当然你也可以在家庭中进行这项练习。

练习：在家庭中跟孩子们进行品质之花的练习

要进行品质之花的练习，前提是参与的人要相互认识。比如你可以在你的孩子和他的朋友聚在一起时，提议他们来做这个练习。给每个孩子发一张纸，每张纸上印着一朵有十来片花瓣的雏菊，然后让他们在花的中央写上名字，把纸对折。把所有折好的纸收上来。

---

1 品质之花的方法是由心理教练热尔桑德·巴多首创的。——原注

2 生命之树是一套带有隐喻意味的方法，它源于叙事疗法，由大卫·登伯勒和纳卡泽洛·奈丘比首创。——原注

接下来，让一个孩子随机抽取一张纸。这个孩子打开纸页，念出纸上的名字，比如萨布丽娜。他便成为萨布丽娜品质之花的负责人，由他在每片花瓣上记下其他人稍后说的内容。

请每个孩子依次说出萨布丽娜让自己欣赏的一项品质。没有什么不能说。接受所有答案，即使说的是同一个意思，比如"滑稽""好笑""亲切""笑容可掬""好看"……如果一个孩子说出像是"害羞"这样的词，问一问："害羞是一项品质吗？我们怎么把这个词转换一下，让它变成一项品质呢？比如'稳重''谨慎''冷静'？"

在每个人都对萨布丽娜发表了看法之后，请品质之花的负责人把花当作一份证书交给她，并对她简单说两句。比如："很好，保持住。"

让得到花的孩子发言，问问她：

● 你对你的品质之花有什么想法？

● 你更喜欢你的哪个品质？

● 听到所有这些描述你的词，你有什么感觉？

● 你有没有对哪个品质产生疑问呢？想要问一问他/她为什么这么说？

最后一个问题很重要，因为有时候孩子们会对别人反馈给他们的某些品质感到惊讶。他们需要一个证据。比如某个孩子会回答："是的，我很想知道为什么某某说我很聪明。"

在这种情况下，让说出这项品质的孩子讲一讲他为什么这样说。他了解到什么事情，让他觉得那个孩子很聪明？

然后请另一个孩子抽出一张纸，重复这个练习，直到每个人的品质之花都被填满。

这个练习有两重意图：

● 对于倾听的那个人：人们提到他的所有这些美好的品质，能够帮助他恢复自尊心。

他可以把这场练习的品质之花保留在记忆中，就好像人们给了他一面镜子，让他看到家人和同学如何看待自己。

● 对于那些讲出品质的人，这让他们有机会帮到其他人的人生。

他们通过给一个孩子讲出他的一项品质，送给了他一份礼物。即使他们不是那个孩子的朋友，也应该能够看出他的一项品质。

● 这项练习能够提升个人的自尊心和团体的凝聚力。它创造出一个空间，让人们能够互相看到每个人的优势和独特之处。

练习：生命之树的练习

生命之树的练习，我既给个人使用，也给团体使用。我会让孩子们做这个练习。在谈及自己或自己的计划时，他们常常会说"不知道"，而这个练习就是让他们释放自我，不会再说"不知道"，因为树的比喻在他们和他们说的话之间充当了一道过滤网。我也用这个练习帮他们寻找未来规划，以及提升自尊心。

生命之树对企业中的成年人也很有效，能够增强团队凝聚力，让员工们探索人生各个过渡阶段。

它在你生活的各个领域都能发挥作用。你可以跟你的孩子、配偶、工作中的同事一起进行这项练习。下面是几个示例。

在家庭中实践生命之树

每个人在一张大纸上画一棵树。然后，你请每个家庭成员在树的各个部分放一些词：

⦿ 根部：你有什么特点？你的爱好、性格特征是什么？

⦿ 土地：要想生活过得好，在学业或工作上稳步前进，你需要什么？你看重的价值、你的生活原动力是什么？

⦿ 树干：人们看到并欣赏你身上的哪些才能、品质、能力、价值？其他家庭成员可以把在这个人身上看到并欣赏的优点告诉他或她。

● 树枝：当你看向未来，对你而言什么是成功？你对人生有什么梦想、计划？

● 树叶：在你的生活中有哪些重要的人？在你生活的各个领域有哪些支持你、你可以依靠的人？也可以是一个角色、一个动物、一位英雄，所有能带来激励作用的人或形象都可以。这就是我们在前文中谈到过的人生俱乐部。

● 果实：你把什么看作人生中的运气、礼物？

然后，把你们的树一起贴到墙上，这就是你们家的生命之林。每个人都要给其他家庭成员介绍自己的树，讲述自己的梦想、计划、需求。倾听的人要和他一起思考，如何实现他的计划，或者让他的计划发挥作用。

你还可以在每个人介绍完之后，让家庭成员们在一到两张便签纸上写下一些支持的话，然后把它们贴到刚介绍过的那棵树上，比如"你的树真美""你会成功"等。

这个练习可以让家人们共同度过一段美好的时光，以一种非常诗意的方式拉近彼此的距离。我们能够更好地相互了解，而我们越了解彼此，就越欣赏彼此，会彼此分享更多。

　　在家庭中，生命之树对于帮助孩子或配偶确认计划也很有用。如果你的孩子在选择职业时犹豫不决，你可以提议他来做关于未来计划的生命之树。如果他在犹豫是否要成为面点师，请他画一棵树并写上：

● 根部：做面点师的想法是怎么进入你脑海中的？

● 土地：如果你想成为面点师，你需要些什么？

● 树干：要做一名好面点师，你需要拥有怎样的品质、能力、才能？

● 树枝：当你想象自己是个面点师，你看到自己的工作是怎样的，具体做了什么事？

● 树叶：在这个领域谁是你的榜样？看到你走上这条路谁会感到骄傲？

　　在这种情形中，生命之树让你有机会帮助孩子理清并充实他的未来规划。

利用生命之树在企业中增强团队凝聚力

　　你也可以利用生命之树在企业中增强团队凝聚力。在这种情形中，请团队里的每个人画一棵自己的职业生命之树。

● 根部：你有着怎样的职业经历？

● 树干：在团队中你有着怎样的附加价值？

● 树枝：你对团队和团队中的自己有着怎样的计

划和目标？

⦿ 树叶：你在企业中有什么样的导师、榜样、同盟？

然后，让他们把树贴出来，这就是这个团队的职业生命之林。请每个人向其他人展示自己觉得值得分享给同事的东西。

对于一个团队，这是个能够让彼此靠近的好办法，并且彰显了多样而和谐统一的面貌。

生命之树这套带有隐喻性的方法，能够很好地支持皮格马利翁的目光，把这些人、他们所知道的事情、生命力展示出来。

心理教练的回忆：多米尼克·塞雷–贝杰医生

塞雷–贝杰医生是糖尿病科室主任，她分小批接待儿童糖尿病患者住进医院，以便他们学习照顾自己、给自己注射药剂、测量血糖……她告诉我，当她必须宣布一个孩子患有糖尿病，并且这种病将伴随他一生时，她总会感觉自己很无力。这对孩子而言是个打击，就好像糖尿病成了他的身份特征，并且把他的所有其他故事通通抹去了。

她学习过叙事疗法，于是她开始肯定小患者们拥有的多重叙事，并借助生命之树让他们展示各自的多重故事。他们画出一棵树，并在树的每个部分写上一些词。他们从哪里来，有什么特点，有怎样的能力、才华、价值，他们对人生有什么样的计划、梦想，他们可以信赖的重要的人是谁。

当他们用这种方法介绍自己时，虽然他们还是有一个关于糖尿病的故事，但他们不再是"那个糖尿病患者"，不再只是糖尿病患者。他们有梦想，有计划，有能力，有亲人。

结语

　　我在这本书中和你们分享了皮格马利翁目光的力量，以及在生活的各个领域里培养皮格马利翁目光的方法。

　　虽然我提到了我的人生经历，我的观点、经验，但这本书是为你们写的，因为我们所有人都有着强大的皮格马利翁的目光。现在轮到你们来关心身边的人，你们的亲人、你们所爱的人、和你们一起工作的人，或是在街上萍水相逢的人。

　　关键在于分享、传递、团结一心。在互联网覆盖全世界、社交网络盛行的时代，虚拟关系尤其突显，而人情味缺失了。皮格马利翁的目光则反其道而行，把人和人际关系重新摆回到核心位置。

　　要意识到你的能力，训练你的皮格马利翁目光，看到它所产生的效果。你之所以会被这些想法所吸引，是因为你恰好可以在此时把自己所学的内容转变成礼物。你投出的每一道皮格马利翁的目光，都会让一个人找到存在感，并让他在未来也用到皮格马利翁的目光。

致谢

我想要感谢所有在我身边，或远程为这本书付出的人们：

感谢帕斯卡尔·岑科，是他首先提出了这本书的企划。

感谢安德烈·格雷瓜尔赏光为我作序。

感谢萨比娜·安扎尔迪、马加利·乌达尔、让-路易·鲁、弗朗索瓦丝·皮芙费尔曼-西尔万同意在这本书中分享自己的故事。

感谢安德烈·泽拉持续不断的支持。

感谢我的朋友和叙事工场的同事们：皮埃尔、卡特琳娜、法布里斯、帕斯卡尔、泰雅、卡特琳娜。

感谢我在叙事疗法中有幸遇到并让我有所成长的人们：大卫·艾普斯顿、大卫·登伯勒、斯特凡·马迪根、玛丽-娜塔莉·博杜安、吉尔·弗里德曼和罗布·哈尔。

感谢所有正在接受我辅导或被我辅导过的人，感谢他们的信任和他们通过分享自己的故事让我学到的东西。

感谢我的家人：贝纳尔、马尔戈和尼科拉、莱亚和阿莫里、埃莱奥诺尔。

参考文献

Barsoux, Jean-Louis, et Manzoni, Jean-François, *Relations difficiles au travail. Rompre le cercle vicieux, Village mondial*, Pearson Éducation, Paris, 2004.

Beaudouin, Marie-Nathalie, *Les mille et une compétences en chaque enfant*, traduit de l'anglais par Fanny Moureaux-Néry, L'Harmattan, Paris, 2016.

Blanc-Sahnoun, Pierre, et Galliano, Téha, *Chômage des seniors, une autre histoire possible*, L'Harmattan, Paris, 2018.

Blanc-Sahnoun, Pierre, *L'Art de coacher*, InterÉditions, Malakoff, 2014.

Collectif, sous la coordination de Blanc-Sahnoun, Pierre et Dameron, Béatrice, *Comprendre et pratiquer l'Approche Narrative*, InterÉditions, Malakoff, 2009.

Collectif, sous la coordination de Mengelle, Catherine et Blanc-Sahnoun, Pierre, *Dire bonjour à nouveau. L'Approche Narrative pour les personnes, les familles et les entreprises en deuil*, éditions Satas, Bruxelles, 2018.

Dégez, Victoire, Regards de leaders. *Mieux communiquer en situation d'autorité*, Pierre Téqui éditeur, Paris, 2018.

Denborough, David, *Au-delà de la prison. Recueillir les rêves de liberté*, traduit de l'anglais par Fabrice Aimetti, éditions La Fabrique Narrative, Bordeaux-Mérignac, 2019.

Denborough, David, *L'Approche Narrative collective*, traduit de l'anglais par Catherine Mengelle, éditions Satas, Bruxelles, 2018.

Epston, David, *Down Under et Up Over. Voyages en thérapie narrative*, traduit de l'anglais sous la coordination de Catherine Mengelle, éditions La Fabrique Narrative, Bordeaux-Mérignac, 2012.

Mengelle, Catherine, *Comment aider son ado à trouver sa voie*, Mango, Paris, 2018.

Morgan, Alice, *Qu'est-ce que l'Approche Narrative*, traduit de l'anglais par Catherine Mengelle, InterÉditions, Malakoff, 2019.

White, Michael, *Cartes des Pratiques Narratives*, traduit de l'anglais par Isabelle Laplante et Nicolas De Beer, éditions Le Germe/Satas, Bruxelles, 2009.

www.lafabriquenarrative.org/blog/

图书在版编目（CIP）数据

皮格马利翁的目光 /（法）蒂娜·舍雷尔著；柯梦
琦译 . -- 上海：上海三联书店，2023.4
ISBN 978-7-5426-8013-6

I.①皮… II.①蒂…②柯… III.①社会心理 – 研
究 IV.① C912.6

中国国家版本馆 CIP 数据核字（2023）第 028006 号

La Magie De La Bienveillance by Dina Scherrer
© 2021 Leduc Éditions
Simplified Chinese edition arranged through DAKAI - L'Agence
著作权合同登记　图字：09-2022-0633

皮格马利翁的目光

著　　者	[法]蒂娜·舍雷尔
译　　者	柯梦琦
总 策 划	李　娟
执行策划	王思杰
责任编辑	杜　鹃
营销编辑	都有容
装帧设计	潘振宇
监　　制	姚　军
责任校对	王凌霄

出版发行　上海三联书店
　　　　　　（200030）中国上海市漕溪北路331号A座6楼
邮　　箱　sdxsanlian@sina.com
邮购电话　021-22895540
印　　刷　北京盛通印刷股份有限公司

版　　次　2023年4月第1版
印　　次　2023年4月第1次印刷
开　　本　787mm×1092mm　1/32
字　　数　92千字
印　　张　5.5
书　　号　ISBN 978-7-5426-8013-6/C·628
定　　价　49.00元

敬启读者，如发现本书有印装质量问题，请与印刷厂联系15901363985

人啊，认识你自己！